50년 기업을 경영한 CEO 이야기

50년 기업을 경영한 CEO 이야기

초판 인쇄   2019년 4월 15일
초판 발행   2019년 4월 21일

지은이   이재신
펴낸이   김광열
펴낸곳   (주)스타리치북스

출판총괄   이혜숙
출판책임   권대홍
출판진행   황유리
편집교정   김영희
홍보영업   강용구

등록   2013년 6월 12일 제2013-000172호
주소   서울시 강남구 강남대로62길 3 한진빌딩 3~8층
전화   02-6969-8903

스타리치북스 페이스북   www.facebook.com/starrichbooks
스타리치북스 블로그   blog.naver.com/books_han
스타리치몰   www.starrichmall.co.kr
홈페이지   www.starrichbooks.co.kr

값 16,000원
ISBN 979-11-85982-59-5 13190

50년
기업을 경영한
CEO
이야기

이재신 지음

StarRich
B o o k s

머리말

이 책은 50년 동안 기업을 경영하면서 경험하고 이루고자 했던 목표와 실천 사례를 토대로 쓴 것이다. 이전에도 회사를 경영하면서 경험한 내용을 글로 남기고자 했지만 실행에 옮기지 못해 아쉬워하던 차에 주위 분의 권유를 받아 원고를 쓰게 되었다.

하지만 출판사에 원고를 넘기기 직전까지도 출간을 망설일 정도로 결정하기가 어려웠다. 어떤 면에서는 사업을 하면서 큰 결정을 해야 할 때보다 더 어렵게 느껴질 정도였다고 해도 틀린 말이 아니다. 경영과 관련한 수많은 저작에 내가 한 권 더 보탠다는 것이 어떤 의미가 있을까 의문이 들기도 했다. 고심 끝에 책을 내기로 최종 결정한 이유는 현재 기업경영을 하고 있거나 앞으로 사업을 하고자 하는 분들께 미력하나마 도움이 되었으면 하는 마음이 있기 때문이었다.

2017년 말에 나온 통계청 자료를 보면 우리나라 사업자 등록 수는 420만 개가 넘는다. 50년 넘게 장수하는 기업은 1,629개로 0.38퍼센트에 지나지 않는다. 일본과 비교하면 더욱 큰 특징이 드러나는데, 일본의 100대 기업이 평균 30년 이상 가는 데 비해 한국은 평균 10년에서 12년, 미국은 15년, 세계 기업의 평균 수명은 13년이라고 한다. 하지만 현재 우리나라 경제 상황을 보면 10년은커녕 3년도 못 버티는 경우, 1년도 못 가서 문을 닫는 사례도 흔치 않다.

이 자료를 보면서 50년간 내가 겪어낸 크고 작은 난관과, 그럴 때마다 묵묵히 이겨낸 시간들이 떠올랐다. 감사한 점은 위기라고 할 만한 네 차례 사건이 오히려 우리 회사를 성장하게 하는 생장점이 되었다는 것이다. 이 경험으로 위기 속에 기회가, 좌절할 만한 조건 속에 한 줄기 빛이 숨어 있다는 것을 깨달을 수 있었다. 내가 유독 운이 좋아서였다고 할 수 있겠지만, 네 번이나 어려움을 넘을 정도로 지속되는 운은 여간해서 만나기 어렵다는 생각이 든다.

설령 운이 좋았다고 해도 준비되지 않은 사람은 그 덕을 볼 수가 없다. 운을 맞아들이려면 평소에 준비가 되어 있어야 하고, 이는 인성, 겸손, 세상을 읽고자 하는 지혜, 사람을 귀하게 여기는 마음에서 시작되는 것이라고 생각한다. 나 역시 완성되지 않은 인간으로서 낮은 자리에 서 있지만 평생 이 생각을 품고 살기를 원했다는 점은 확실하다.

지금까지 경영을 해오면서 가장 중요한 기준으로 삼았던 것도 인화이며, 평생 나와 함께했던 사자성어도 '화기치상(和氣致祥 : 온화한 마음이 있는 곳에 좋은 일이 생긴다)'이다. 인화를 중심으로 품질, 관리, 신제품 개발에 역점을 두었고, 좋은 아이디어와 상품 개발도 그것에서 시작되었다. 앞으로도 내 삶의 기준은 변함없이 '화기치상'일 것이다.

이 책을 쓴 또 하나의 목적은 청년들에게 용기를 북돋워주고자 하는 강한 희망이 있었기 때문이다. 언제부터인지 청년의 희망직업이 공무원, 교사 등으로 축소되는 현상이 나타났다. 그 이유가 사명감이나 자기실현이나 적성보다는 '안정'에 맞춰져 있다는 점이 아쉽고 우려된다. 청년 중에는 시험 준비로 5년, 10년을 보내고 그때까지 생활을 유지할 목적으로 아르바이트를 하는 경우도 적지 않다. 이런 상황이 새로운 사업에 도전하고, 그중에서도 본인이 직접 생산할 수 있는 일을 찾아 길을 열어가는 뚝심을 잃어버리게 하는 것은 아닌가 싶다. 더욱 안타까운 것은 그 시간에 청년기에 도전할 수 있는 많은 기회를 놓치고 있다는 점이다.

사업가나 사업을 귀하게 여기지 않는 이면에는 기업가에 대한 부정적인 정서와 좋지 않은 인식이 깔려 있다고 생각한다. 하지만 국가를 지탱할 수 있는 기업이 없다면, 그중에서도 직접적으로 생산하는 회사가 줄어든다면 아무리 땅덩어리가 넓고 관광자원이 많아도 허약 체질이 될 수밖에 없다. 그러므로 청년들은 서비스업이나 관리에 집중하기보다 창의적인 사고를 발휘할 수 있는 기회를 적극적으로 만들어낼 수 있어야 한다. 내가 청년들에게 보내고 싶은 메시지는 다음과 같다.

청년들이여, 사업에 도전하라.

그리고 실패를 예견하는 도전이 되지 않도록 치밀하게 분석하되 현실의 조건에 매몰되지 말라. 상황을 직시하며 앞으로 나아가 창조하고 도전하라.

청년을 사랑하는 마음으로 하는 나의 조언이 사업을 준비하는 청년 중 한 사람에게라도 길을 알려주는 등대가 된다면 그 어떤 일보다 큰 기쁨과 보람이 될 것이다.

2019년에 50주년을 맞은 우리 회사는 100년을 향한 출발선 위에 다시 서고자 한다. 지금처럼 한 발씩 내디뎌온 것처럼 묵묵히 갈 때 또 하나의 생장점이 되리라 믿는다.

지금까지 내 삶을 이끌어온 주제는 감사이다. 내게 회사를 경영할 기회를 열어준 장동익 선생님, 고인이 되신 지 40년이 넘었지만 지금도 내게는 나침반이 되어주고 계신다. 우리 회사에 머물렀던 직원들, 주부와 아내와 어머니 역할을 하면서도 충실하게 근무하는 주부 사원들, 각자 맡은바 업무에 최선을 다하는 모든 직원에게 감사한다. 나에게 가족을 만들어준 아내에게도 이 지면을 빌려 감사하는 마음을 전한다. 또 책이 나오기까지 도움을 주신 신상진 선생님과 스타리치북스 관계자 여러분께 감사드린다.

2019년 4월 이 재 신

목차

PART

국가와 기업
국가 경쟁력에서
기업가의 역할

개인이 각자 장점과 개성, 여건을 갖추고 있듯 국가도 특징이 있다. 어떤 나라는 경제, 정치, 문화, 자연환경에서 우위를 점하기도 하고, 역사적인 사건과 유적을 관광자원으로 삼아 살아가기도 한다. 한 나라의 경쟁력과 삶의 수준을 논할 때 일반적인 기준으로 삼는 지수 중 GDP와 GNP가 있다.

GDP란 한 나라에서 생산되는 물건, 서비스, 재화, 시장가치 등 모든 기준을 합쳐놓은 값이다. GDP 1위는 미국이며, 오랫동안 1위를 유지하고 있다. 미국이 이처럼 높은 성과를 기록하고 있는 이유는 지형상 풍부한 자원과 첨단과학기술, 세계 경제를 주도하는 재정, 정치권력 등 정말 많은 조건을 갖추었기 때문이다. 2위는 중국, 3위는 일본, 4위는 독일인데, 미국 19조 달러, 중국 12조 달러, 일본 4조 달러, 독일 3조 달러 등 격차는 매우 큰 편이다. 일본과 독일은 과학기술, 이탈리아나 프랑스는 수백 년 전부터 쌓아온 경험과 노하우, 브라질이나 캐나다는 천연자원이 뒷받침되고 있다.

2017년 외교부와 코트라의 통계에 따르면 우리나라 GDP 순위는 12위이다. 11위권 안에 든 나라 가운데 우리나라는 가장 조건이 열악해 보인다. 좁은 땅덩어리에 자원도 열악하고 인구가 많으니 살아남으려면 얼마나 발버둥 쳐야 할지 저절로 이해가 된다. 우리나라의 경우 1970~1980년대에 불 일 듯 일어났던 경제 성장도 피로가 쌓였는지 2017년에는 95위를 기록했다. 이는 우리나라만의 특징이 아니라 GDP 1~20위권 국가들의 성장률이 2~3퍼센트 정도로 정체돼 있는 면에서 비슷한 현상을 보이는 상황이기도 하다.

GNP란 국가별 1인당 국민 소득을 가리키는 용어이다. 2018년 기준 237개국 가운데 우리나라는 GNP가 3만 달러가 조금 넘어 세계 순위 29위로 선진국 대열에 들어가 있다. GNP를 어떻게 높일 수 있느냐가 각 나라마다 당면한 과제이다. GNP 순위는 스위스가 1위이고, 이어서 노르웨이, 룩셈부르크, 아이슬란드 순으로 되어 있다. GDP에서 앞선 나라들이 GNP에서 밀리는 이유는 GNP가 높은 나라는 고유의 기술력과 우수한 인재를 중심으로 경제 구조를 만들어가기 때문이다.

이런 상황으로 비추어볼 때 우리나라야말로 기술력과 인재 중심으로 경영활동을 활성화해야 하는 시점에 있다고 생각한다. 끊임없는 노력으로 기업이 활동성과 생동감을 찾을 때 국가 경쟁력이 탄탄해지고, 건강하고 건전한 나라로 성장할 수 있을 것이다.

1. 고용 창출

한 지역에 대규모 공장이 들어서면 몇백, 몇천, 몇만 명에 이르는 고용효과가 창출될 수 있다. 우리나라의 경우 반도체 부품, 장비, 소재 관련 협력업체가 밀집해 있는 평택·수원·기흥·이천 등 지역이 66.8퍼센트 163개로 고용창출효과가 대단하다. 대규모 기업이 들어서면 협력사 구성원과 대학생을 대상으로 전문 인재를 양성하는 교육이 추진될 수 있고, 지역 주민을 위한 문화복지시설, 어린이·청소년 교육 프로그램, 어르신 돌봄 서비스 등 부대효과도 노릴 수 있다. 이렇듯 기업이 지역 경제에 미치는 파급효과는 막대하다. 한 업체당 1~4차 협력업체 고용인력까지 고려하면 고용파급효과는 다섯 배 이상이 될 수도 있다.

이를 위한 노력은 세계적인 추세이며 우리나라 역시 지방자치단체마다 자주재원(自主財源)과 이를 통한 지역경제 활성화 노력이 치열한 상황이다. 이를 위하여 보조금, 조성금, 감세 정책 등 다양한 지원책을 제시하고 있으며, 일부분 성과를 내는 바탕이 되어주기도 했다. 그 결과 지자체에서 누릴 수 있는 효과가 고용증가, 소득증대, 인구증가, 유관기관 유입 순으로 나타났다.

2. 국가 세수의 원천

국가가 건강하게 성장하고 유지되려면 세금 유입이 절대적으로 필요하다. 우리나라는 1966년부터 매년 3월 3일을 '납세자의 날'로 정해 기념행사를 치르고 있다. 기획재정부가 주관하여 성실납세 수상자와 세정(稅政) 협조자 등이 참가한 가운데 기념식을 거행하고, 성실납세 수상자나 유명인사를 1일 명예서장 혹은 명예납세자보호담당관, 납세서비스센터실장 등으로 위촉한다. 행사에서는 성실납세 실적에 따라 훈장·포장 및 대통령·국무총리·기획재정부장관·국세청장·지방국세청장·세무서장 표창을 수여한다.

2000년부터는 모범납세자에게 '성실납세증'을 교부하고, 훈장 등 정부포상·국세청장 표창 이상 수상자에게 포상일부터 3년간, 지방국세청장·세무서장 표창 수상자에게는 2년간 세무조사를 면제해주며, 일정 기간 징수유예 및 납기연장 신청 시 담보를 면제하는 등 혜택을 부여한다. 홍보에도 집중하여 학생 세금문예작품전 공모, 교육, 세무서 현관에 성실납세자 사진 게시, 성실납세자 세금 수기 모집, 국세청 명예홍보위원 위촉 등 다양한 행사를 개최한다.

유환익 한국경제연구원 혁신성장실장은 "기업이 도시를 키우는 '젖줄' 역할을 하고 있다"고 말했다. 지자체에서도 여러 가지 방안을 논의하는데, 그 이유는 말할 것도 없이 '부자 지자체'가 세금에서 시작될 수 있기 때문이다. 2018년 기준 세수 혜택을 누리는 지역은 대형 사업장이 들어서 있는 화성·수원·이천·청주 등이며, 세수가 줄어들어 지역경제에 어려움을 느끼는 지역은 기존에 있던 기업이 떠난 거제·군산·통영 등이다.

특히 2017년 반도체 '슈퍼 사이클(초호황)'을 누린 반도체 기업 두 곳의 본사와 공장이 있는 화성·수원·용인·평택 지역은 지자체가 거둔 법인지방소득세가 전년 대비 188.6퍼센트, 410.3퍼센트를 넘어서는 기록을 올리면서 경기지역 지자체의 사업과 서비스 질이 향상되었다. 그 덕분에 국내 대표 기업의 본사와 공장을 끌어들인 지자체들은 재정 운영에 여유를 갖게 됐다. 일자리가 크게 늘어난 것은 물론 세수 증가로 각종 지역개발사업과 복지에 지자체 재정을 투입하는 효과를 얻게 되었다.

그 예로 용인을 꼽을 수 있다. 용인은 인구 100만 명 이상의 대도시로서 특례 시로 지정될 가능성이 높고, 특례 시가 되면 크게 발전할 가능성이 높아진다. 예상하는 바는 2,000억 원가량 재정수입이 증가하면 시민에게 세금을 걷지 않아도 될 정도가 된다는 것이다. 또 2019년 2월, SK하이닉스의 발표에 따르면 용인시 원산면에 120조 원을 투자하여 제2의 반도체 공장을 설립한다고 한다. 이를 통해 용인시는 재정확보가 늘어나고 더욱 발전할 것이다. 그러므로 정부와 직접 교섭하여 신속한 정책 결정 및 추진, 자체적인 도시계획 수립 등을 발 빠르게 진행할 수 있는 장점이 있다. 이 모든 혜택은 결국 시민에게 돌아가 시민 삶의 질을 크게 향상할 수 있게 된다. 그러므로 각 지역은 세제 혜택, 공장용지 제공 등 적극적인 방법으로 삶의 근간이 되는 경제력 확보에 힘써야 한다고 생각한다.

반면 조선업 불황의 여파로 문을 닫는 기업이 많아진 지역은 세수 확보가 어려워지면서 오히려 세금이 줄어드는 역효과가 나타나는 상황이 벌어졌다. 일자리도 줄어들어 고용위기지역이 되었고, 회사 주변 식당과 숙박업소, 서비스업까지 연쇄적으로 어려워지고 있는 실정이다. 이로써 지자체 역시 세수 확보가 필수이며, 이는 시(市)가 독립할 수 있는 제일이자 최선의 조건임을 알 수 있다.

2 PART

강소기업의 중요성

'강소기업(Small Giants)'이란, 규모는 작지만 시장과 산업 내에서 강력한 경쟁력을 지니고 있으며 내부적으로는 알찬 경영실적과 미래성장성을 담보하고 있는 중소기업을 의미한다. 강소기업은 우리나라의 고용을 창출하고 있으며, 경제의 기반을 버텨주는 면에서 미래 성장의 동력이 될 것이다. 청년들의 취업 활성화를 목적으로 중소기업청, 중소기업중앙회가 주관해 급여와 복지가 우수한 중소기업(좋은 일자리 강소기업)을 선정한다. 지향해야 할 점은 디지털을 활용해 제조업을 첨단화하고, 첨단 제조업을 활용해 국가 자체의 혁신을 키우는 일이다. 이를 뒷받침하려면 경제정책 규제 완화와 정책적 혁신이 필요하다고 생각한다.

무엇보다 중요한 것은 직원들의 의식이다. 입사하자마자 기대 이상으로 대접해주고 일도 쉬우며 비전이 있는 회사는 흔치 않다. 어디든지 일정 시간을 투자해야 적응도 되고 기술도 늘며 사회생활의 기본을 알게 된다. 회사 규모가 크지 않아서, 번듯하고 알아주는 데가 아니라서 마음을 붙이지 못하고 이직을 생각한다면 조금은 걱정스럽다. 어떤 이력서를 보면 1, 2년 만에 한 번씩, 심지어 2, 3개월 만에 한 번씩 옮겨 다닌 기록이 있다. 나는 그런 경우 스펙이나 자격증 여부와 관계없이 채용을 반려하는 편이다. 왜냐하면 바로 그 조건 때문에 이직을 생각할 것이기 때문이다.

자주 이직하는 경우에 개인적으로는 일을 숙달하기 어려운 부분이 있다. 자주 이직하면 나이가 들어갈수록 적응하기 어렵고 공동체의 관계 속에서 얻을 수 있는 도움과 소속감을 얻기 힘들게 되기 때문이다. 회사 측에서 본다면 많은 시간과 노력을 투자하여 직원이 자질과 수준을 키우는 시간과 비용이 낭비되니 손실을 입을 수밖에 없다.

자신의 가치는 회사의 크기나 이름값이 아니라 이루고자 하는 꿈과 자존감에 있다. 대기업에 입사하면 일반적으로 조직의 한 구성원으로서 자신이 맡은 분야에만 매몰되기 쉽다. 반면 중소기업은 여러 파트를 경험할 수 있는 기회가 많아서 다양한 경험을 하면서 개인이 지닌 자원을 향상할 기회가 많다. 사업은 종합 시스템으로 구성되어 있고 한 가지만 알아서는 제대로 운영할 수가 없다. 그러므로 장래에 직접 기업을 경영할 목표가 있는 사람은 강소기업에서 자신의 능력을 확장할 필요가 있다.

어디서 일하든지 자신의 영역을 만들고 인정받는다면 만족할 만한 조건은 저절로 만들어지게 되어 있다. 중소기업을 일군 경영자는 대부분 오랫동안 현장에서 뼈가 굵어온 사람들이다. 전 직장 상사나 동료와 관계가 좋고 오랫동안 준비과정을 거친 사람은 사업을 시작할 때 큰 어려움을 덜 겪을 확률이 높다. 왜냐하면 사업은 대부분 기존에 해온 일을 토대로 시작하게 마련이며, 일을 하다 보면 같은 장에서 만나게 되기 때문이다. 직장생활을 잘한 사람은 인맥이 형성되어 있고 주위에 도움을 주고자 하는 사람이 많다.

그러나 반대로 가는 데마다 문제를 일으키고 사람들과도 좋지 않게 끝난 사람은 사업에서도 고전을 면치 못하는 경우를 여러 번 보았다. 그 이유는 누군가가 도움을 주지 않아서라기보다는, 그 사람의 대인관계 방식에 문제가 있기 때문이다. 어디에서든 문제는 발생하기 마련인데 중요한 것은 어떻게 대처하느냐이다. 강소기업이 많을수록 국가 경쟁력이 높아지고 고용창출도 늘어나므로 국가에서도 강소기업 정책을 적극적으로 펼쳐야 한다.

1. 국가 성장의 동력은 제조업이다

우리나라 중소기업의 역사는 무척 짧은 편이다. 임진왜란을 겪은 후 조선시대에 쇄국정책을 실시하다가 자본주의 시장경제를 받아들인 지 70년가량 되었다. 우리보다 일찍 문호를 개방한 일본은 100년을 넘은 기업이 2만 2,000여 개인 반면, 우리나라는 7개에 불과할 정도이다. 비록 공과가 있지만 기업인이 세운 성과를 무시할 수는 없을 것이다. 전쟁 후 '먹고살기 위한' 방안으로 시작했다고 해도 개인과 사회 및 국가 발전의 원동력이 된 것은 확실하다. 풀뿌리가 민주주의의 인권을 상징하는 것이라면, 경제의 뿌리는 중소기업 경영인과 직원들의 노력과 땀으로 이루어진 것이다.

우리나라 제조업은 섬유산업에서 시작되었다. 엄격히 말하면 국가 간 하청산업으로, 선진국에서 주문을 받아 OEM 방식으로 수출하는 것이었다. 낮은 임금과 기술력을 활용할 수 있었지만 단가가 낮은 경공업에 속했다.

우리나라가 본격적으로 제조 산업을 시작한 것은 중공업이었다. 그중 자동차는 20세기 최대의 발명품으로서 제조업의 꽃으로 여겨져왔다. 우리나라 역시 농경사회에서 산업사회로 바뀐 1차, 2차 산업혁명에서 자동차의 역할은 그 무엇보다 컸다. 사람의 이동을 편리하게 한 것은 물론이고 물류 이동에도 상상을 초월하는 기여를 했다. 자동차 산업이 더욱 큰 역할을 한 것은 생산공장 건설과 관련 산업체의 고용까지 이끌어냈다는 데 있다.

우리나라가 자동차 산업에 뛰어든 배경에는 미국의 포드자동차가 위기를 맞고 1980년 일본이 토요타로 세계 자동차 생산 대국 1위가 되는 등 세계적인 분위기의 영향을 받은 부분이 있다. 현대그룹은 1940년 정주영 회장이 아도서비스라는 자동차 수리공장을 인수한 것이 시발점이 되었다.

우리나라 경제발전의 토대가 된 기업의 공통점은 규모의 대소가 아니라 창업자의 정신으로 성장했다는 점이다. 그 영향으로 대기업들은 각각의 성공신화를 갖고 있으며, 기업의 특색도 뚜렷하다. 하지만 4차 산업혁명이 일어나는 이 시기에 맞추어 활발한 개혁이 필요해졌다. 그중 하나는 고급 기술력을 갖추는 일이다. 우리나라는 스마트폰을 포함한 IT 분야와 4차 산업에서 경쟁력을 갖고 있다고 알려져왔다. 그러나 우리나라의 산업 경쟁력은 점점 더 떨어지고 있으며, 사회 변화에 대한 적응력도 낮고, 기업 혁신이라는 과제도 제대로 수행하지 못하고 있다.

2018년 12월 산업연구원 김인철 산업정책연구본부장은 '한국 산업의 혁신 필요성과 부문별 혁신 방향'이라는 주제 발표에서 우리나라 경제 악화 원인을 '혁신 부족'으로 꼽고 이를 타개할 방법으로 '혁신'의 중요성을 강조했다. 김 본부장은 과거 정부 주도로 수출과 제조업, 산업정책을 수행했고 여러 가지 성과를 이루어냈지만 현재는 생산성이 약화되고 있으며 경쟁력도 떨어지고 있다고 했다. 특히 주력사업인 제조업의 경쟁력 약화, 대기업과 중소기업 간의 임금 격차와 근무조건 차이로 인한 구인·구직난 등을 큰 문제로 꼽았다. 그는 "제조업은 우리가 알고 있는 것보다 훨씬 중요한 역할을 한다"면서 "체계를 바꾸는 것이 중요하다. 제조업에서 혁신이 많이 일어날 수 있도록 초점을 맞춰야 한다"고 강조했다.

2. 위기 극복의 지혜

1) 기업은 호수(湖水)이다

기업을 경영하면서 거의 모든 기업이 피해 갈 수 없는 것이 외부 환경 변화에 따른 리스크이다. 어쩔 수 없이 직격탄을 맞았을 때 어떻게 이겨낼 수 있는가가 회사의 경쟁력이며 건전성을 시험하는 잣대가 된다. 위기에서 기회를 찾아내는 방법은 다양하다.

기업은 호수와 같다. 호수는 겉으로 보기에 깨끗하며 조용히 멈춰 있는 것 같고, 외부 자극이 없을 때는 안전해 보일 수도 있다. 하지만 살아 있는 호수는 끊임없이 변화하고 있으며, 부유물이든 침전물이든 결과물을 생성해낼 수밖에 없다. 기업도 평소와 다름없는, 혹은 그 이상의 실적을 내고 일상성을 유지하고 있으면 잘되는 것으로 보일 수 있다. 하지만 미처 눈치채지 못하는 사이에 부유물이 수면 위로 떠오를 수도 있고, 문제점이 고여 바닥에서 썩어 들어가기도 한다. 이를 방지하려면 경영자가 회사 상황을 정확히 파악하고 있어야 하며 항상 새로운 시선과 개혁 의지, 사고방식의 전환을 통해 적절하게 대처할 수 있어야 한다.

나는 경영에서 물위로 뜨는 부유물로는 실적을 과도하게 부풀리기 쉬운 허수, 막연하게 잘될 것이라는 허상, 불필요한 투자 등을 꼽는다. 바닥에 가라앉은 침전물로는 관행으로 굳어진 운영방식, 유연하지 못한 의사소통, 시장 상황을 정확히 파악하지 못하고 이전에 성공한 경험을 기계적으로 적용하는 경우를 들 수 있다.

부유물과 침전물을 안고 있는 호수의 문제점은 사실을 정확히 보기가 어렵다는 것이다. 이런 호수는 유속이 느려지고, 어디서부턴지 모호하지만 분명히 썩어 들어가기 시작한다. 한두 가지 문제가 점점 더 커지면서 조직 전체에 번지고 '어, 이거 문제가 심각한데'라고 느낄 때쯤이면 이미 돌이킬 수 없는 지경이 되어 있는 것이다. 그러므로 경영자는 항상 깨어 있어야 하고 기업이 맑고 깨끗하고 아름다운 호수가 되도록 관리해야 한다.

그러려면 신선하고 좋은 아이디어로 새롭게 도전하고, 일의 특성에 맞는 좋은 직원을 뽑아야 하며, 시장에서 필요로 하는 요구를 찾아 유입할 수 있어야 한다. 중요한 사실은 이 부분에서도 균형을 맞출 수 있어야 한다는 점이다. 외부 유입이 중요하지만 그 규모가 감당할 수 없을 만큼 크거나 지나치면 지금까지 이루어졌던 회사의 체계가 흔들리기 쉽다. 여러 가지 경험과 검증으로 체계를 갖추게 된 장점과 기존의 질서가 파괴된다.

이와 관련한 사자성어는 온고지신(溫故知新)인데 「논어(論語) I」 위정(爲政) 편에 나온 말이다. 뜻은 '옛것을 익히고 새로운 것을 알면 스승이 될 수 있다[溫故而知新, 可以爲師矣]'로, 과거 전통과 역사가 바탕이 된 후에 새로운 지식이 습득되어야 제대로 된 앎이 될 수 있다는 말이다. 이는 기업경영에서도 필히 되새길 수 있어야 한다.

어항의 물을 갈아줄 때도 이전 물 온도에 맞추어 일정 분량의 물을 남긴 후 새로운 물로 바꿔준다. 기업의 변화는 잘 알고 있는 분야와 경쟁력 있는 부분부터 완벽하게 파악한 후 연관성 있는 분야로 확장함으로써 무리 없이 진행될 수 있다. 이는 내가 지금까지 회사를 운영하면서 가장 중요한 원칙으로 지켜온 기준이기도 하다. 그중에서도 창의성은 현실을 직시하고 실현 가능한 근거를 제시한다면 실현될 수 있는 항목이라고 생각한다.

2) 기업경영에서 진정한 창의성이란

어느 나라든 21세기 산업을 움직이는 동력으로 '창의성'을 중요하게 생각한다. 최근에는 창의적인 인재를 영입하려고 정량적인 스펙보다는 지원자의 경험과 능력, 생각이나 태도 위주로 인재를 발굴하는 회사도 늘었다. 직원들에게는 똑같은 업무 방식을 강요하기보다는 다양한 경험과 교육, 보상을 제공해 창의성을 증진시키려고 노력하는 분위기이기도 하다.

일반적으로 생각하는 창의성의 사전적인 개념은 '새롭고, 독창적이고, 유용한 것을 만들어내는 능력' 또는 '전통적인 사고방식을 벗어나 새로운 관계를 창출하거나, 비일상적인 아이디어를 산출하는 능력'이라고 할 수 있다. 만화나 그림을 보면 신선한 생각이 떠올랐을 때 불이 들어온 동그란 전구를 표시하여 놀라움을 나타낸다. 하지만 내가 생각하는 진정한 의미의 창의성은 각자가 지닌 지적 능력, 지식, 환경 등을 고려하여 일어날 수 있는 총체적인 응용력이다.

사업의 기준으로 본다면 '수재가 현장에서도 뛰어나다'고 평가하는 것에 무리가 따른다. 즉, 사업은 시장 분석과 판단, 사리분별, 융합과 분리 등 다양한 사고 속에서 연관 관계를 찾아 통합하는 능력을 필요로 하는 것이라고 할 수 있다. 사업에 필요한 능력을 학문으로만 배울 수 있는 것은 아니다. 현장에서 오랫동안 근무한 사람은 이론으로 배우지 않아도 기계의 구조와 생산 과정에서 좋은 성과를 내는 방법을 알고 있다. 그 대신 체계적으로 공부한 사람은 같은 현상을 봐도 원리에 대입할 수 있기 때문에 문제점과 개선점을 신속정확하게 파악하여 접목하기가 쉽다는 장점이 있다. 나는 이 두 가지 관점이 다 유용하다고 생각하며, 두 가지 영역이 원활하게 소통될 때 가장 큰 성과를 얻을 수 있다고 믿는다.

창의적인 사고와 관련한 사례로 일본의 '합격사과'가 있다. 1991년 9월 풍속 60미터로 불어닥친 태풍 때문에 전봇대가 꺾이고 지붕이 날아가는 등 온 마을이 초토화되는 사건이 일어났다. 그 영향으로 사과 주산지인 아오모리현의 사과 90퍼센트가 낙과가 되는 상황이 벌어졌다. 과수원 주인 키무라 아키노리 씨는 남아 있는 사과의 생명력을 강조하여 '합격사과'라는 상품으로 판매했다. 가격은 일반 사과의 10배였는데, 평소보다 30퍼센트가 넘는 수익을 올렸다. 이후에도 해마다 그의 사과는 판매 개시 3분 만에 품절이 되며, 저장하는 양도 없어 1년을 기다려야 맛볼 수 있을 정도로 인기를 끌고 있다.

합격사과가 1991년 태풍 때문에 우연히 잡은 행운이었다면, 날씨가 좋아 소출이 많아진 이듬해부터는 경쟁력이 없어졌을 것이다. 이후에도 그의 사과가 고객에게 꾸준히 인기를 얻고 있는 이유는 따로 있다. '합격사과'가 남은 게 우연이 아님을 알 수 있는 이유는 그의 사과나무는 다른 나무보다 훨씬 더 튼튼했기 때문이다. 보통 나무뿌리가 땅 밑 몇 미터 정도로 뻗는다면 그의 사과나무는 평균 20미터는 넘게 뿌리를 내리고 있었고, 가지와 열매를 연결하는 꼭지 또한 다른 나무보다 훨씬 더 두껍고 단단했다. 다른 사과 농가들이 사과나무째 바람에 뽑혀나가는 등 치명적인 피해를 입을 때도 끄떡없었다는 것이 과장이 아님이 분명해 보인다.

　그러한 결과는 우연이거나 짧은 기간에 이루어진 것이 아니다. 초기에는 어렵게 사과를 생산하고도 판로를 찾지 못해 어려움을 겪었다고 한다. 그럼에도 불구하고 키무라 씨가 버틸 수 있었던 것은 그를 눈여겨보고 신념에 감동한 사람들 덕분이었다. 은행 이자를 대신 갚아준 세무서 직원, 전기료와 수도료를 대신 내준 친구, 욕을 할지언정 끝까지 곁에 남아 물심양면으로 힘이 되어준 주변 인물들이 있었기에 견딜 수 있었다. 그는 사람에게 인격을 부여하는 것과 마찬가지로 사과나무를 존중했다. 끝까지 버텨주고 스스로 이겨낸 나무들을 보면서 키무라 씨는 범상치 않은 기운을 느꼈고 말없는 나무이지만 말할 수 없는 감사를 느꼈던 것이다.

　더욱 놀라운 점은 판매를 시작하고 3분 내에 마감되는 합격사과인데도 높은 가격으로 올리지 않았다는 것이다. 그는 합격사과의 인기와는 상관없이 다른 유기농 사과의 가격과 비슷하게 책정하거나 본인이 생각하기에 적당한 가격으로 판다고 한다. 그 이유는 합격사과가 특정 계층에게만 허락된 상품이 아니라 어느 누구든 손쉽게 접할 수 있는 과일이기를 바라기 때문이라고 했다. 그가 최악의 상황에서도 침착성을 유지하고 사고의 전환을 할 수 있었던 이유는 이전의 고통스러운 경험으로 단련되어왔기 때문일 것이다. 땅에 떨어진 사과에 집중하고 절망하는 것이 아니라 남아 있는 사과에 초점을 맞출 수 있었던 그의 시각이 과연 순간적인 아이디어에서 나온 것일까. 그런 면으로 보자면 '합격사과'야말로 아이디어의 총합체라고 할 수 있다.

매사 철저히 준비하고 최선으로 예방한다고 해도 경영자의 주변 환경은 완벽할 수가 없다. 그러므로 경영자는 가능성을 보고 묵묵히 걸어가는 것이 최선이며, 시도할 수 있는 모든 것에 집중하는 것이 바른 자세이다.

3. 기술개발은 최고의 경쟁력이다

성공한 기업들을 보면 반드시 차별화된 강점이 있다. 하지만 그 범위는 한정되어 있게 마련이며 모든 영역에서 탁월성을 발휘하기는 어렵다. 팬택과 노키아는 초기 휴대폰 개발 업체로 스마트폰 시장을 내다보고 준비하고 있었지만 애플이 스마트폰을 출시하면서 경쟁력을 잃어버렸다. 두 회사의 노력이 빛을 보지 못한 이유는 스마트폰이 열어갈 미래가 아니라 기존의 프레임을 기준으로 '개선'하는 데 초점이 맞추어져 있었기 때문이다. 스마트폰으로 상징되는 새로운 시장은 단순한 소통의 도구로서 휴대폰이 아니라 고객의 감성과 취미, 생활의 유용성까지 담보할 수 있는 '콘텐츠'를 요구하고 있었던 것이다.

고객이 기대하는 가치는 기업이 이루고자 하는 가치와는 다른 성향을 갖고 있다. 설령 기업이 탁월한 성과를 거두고 최고의 실적을 달성했다고 하더라도 그 영광은 지속되지 않는다. 고객은 충성스럽지도 않을뿐더러 그들이 누리는 축하 자리에 함께 머물러 있지도 않는다.

그러므로 기업은 항상 출발점에 서 있어야 한다. 미래를 대비하지 못하는 기업의 특징은 현재의 성과를 버리지 못한다는 점이다. 이전에 성공한 과정에서 이루어놓은 매뉴얼, 업무 스타일, 인기를 끌었던 제품 목록을 끌어안고 가다 보면 새로운 시각이 열릴 수 없다. 이를 막는 방법은 끊임없이 질문하는 것이다. "우리의 고객은 누구인가?", "그들이 원하는 것은 무엇인가?", "시장의 주인은 누구이며 어떻게 변화하고 있는가?"

내가 정보를 수집하는 방법 중 하나는 경제신문을 정독하는 것이다. 요즘은 인터넷이나 동영상 등이 워낙 발달되어 있고 좋은 내용도 많지만, 신문이 갖고 있는 깊이와 다양성, 종합적인 분석력을 따라갈 수는 없다고 생각한다. 한쪽에서는 신문 구독률이 예전 같지 않다지만 나는 여전히 신문을 통해 세상을 보고 이해하는 습관이 있다. 인터넷으로 실시간 검색어나 메인뉴스를 볼 때도 지면으로 내용을 먼저 이해한 후 전체적인 흐름을 지켜보곤 한다.

포털사이트 랭킹 기사들은 대부분 그날 발행된 신문이나 방송된 것들을 재조합하고 가공한 내용들이다. 조회 수가 중요한 이슈이다 보니 사건을 깊이 분석하거나 판단할 수 있는 근거가 거의 제시되지 않는다. 흥미 위주로 비슷한 내용을 다루다 보니 신문에서 다루는 특집 기사 등은 볼 기회가 없다.

신문을 읽는 방법 중 하나는 완전히 논조가 다른 신문을 비교해보는 것이다. 신문사에 따라 한 가지 사건을 완전히 다른 관점에서 평가하기도 하고, 강조하는 영역을 달리할 때도 있다. 이는 세상을 보는 다양한 시선을 갖게 하는 좋은 방법이다.

신문이나 인터넷상의 정보는 무차별로 들이치는 파도와 같다. 바닷가에 서서 발밑을 보면 수시로 파도가 몰려와 모래밭을 적신다. 조금 더 멀리 보면 파도가 생성되고 몰려오는 과정을 알 수 있다. 더 멀리 수 평선을 보면 바다는 그저 잔잔하고 완만한 구에 불과하다. 경영자는 이 세 가지를 볼 수 있는 눈을 갖추고 있는 사람이어야 한다. 파고가 높지 않고 완만할 때는 현재에 집중하고 실력을 다지며 준비하고, 수평선 멀 리부터 수상한 조짐이 있고 너울이 크게 질 때는 위기에 대응할 수 있 어야 한다.

앞을 예상할 수 있는 시야, 새로운 것을 시도하거나 반대로 기다려 야 하는 등 모든 것을 판단할 수 있는 능력이 경영자의 진정한 실력이 다. 내가 우리 회사를 운영하면서 가장 중요하게 생각했던 것도 제품에 대한 연구와 시장을 선도해갈 수 있는 기술개발이었다. 이것이 최고의 영업임을 익히 알고 있었다.

4. 열린 사고로 경영 시너지 창출

우리 삶에 많은 영향을 끼치는 사고방식 중에 '경험법칙'이 있다. 이는 살아오면서 경험하여 내용을 알게 된 지식이나 법칙을 말하며, 일상생활은 물론 수학(數學), 자연과학에 이르기까지 사물과 현상의 인과관계(因果關係)에 관한 내용이다. 예를 들어 지구는 둥글다거나, 해는 동쪽에서 떠서 서쪽으로 진다는 것 등이다. 사회가 발달하고 연구할 수 있는 도구가 많아질수록 영역이 다양해져서 자연현상부터 정치·경제, 인간의 심리까지 다양한 영역으로 확장되고 있다.

기업 경영자도 중요한 결정을 내리기 전에 최대한으로 정보를 수집하고 기존의 경험에 맞춰보고 분석하는 과정을 거친다. 즉, 어떤 사건이 발생했을 때 과거에서 비슷한 예를 찾고 이후 어떻게 진행되고 결과가 나왔는지 판단하여 최선의 대책을 취한다. 이런 방법이 장점은 있지만 문제는 아무리 같아 보이는 사건이라도 예전과 다른 점이 있고 결과역시 예상할 수 없다는 점이다.

나는 경험의 중요성 못지않게 현실과 차별화되는 부분에 중점을 둔다. 경험의 장점은 처음과 중간, 끝을 예상할 수 있는 면이다. 통계는 정밀한 숫자를 바탕으로 판단에 직접적인 도움이 되는 데 효용성이 있다. 하지만 경험은 살아 있는 것이 아니며, 지나간 내용을 토대로 결과를 내기 때문에 조심스럽게 적용해야 하는 경우가 많다. 그 예로 우리나라에 커다란 충격을 주었던 IMF 사태를 꼽아보겠다.

IMF 사태는 산업사회 속에서 고도성장을 하고 있던 체제를 순식간에 무너뜨렸다. 경제적인 불안감은 물론, 평생직장 개념이 사라졌으며 계약직으로 일하는 시스템으로 바뀌기도 했다. IMF는 세대마다 다 다른 충격을 주었다. 50대 이상은 정리해고라는 현실에 맞닥뜨리게 되었고, 20~30대 사회 초년생들은 회사에 충성하는 것이 어떤 의미가 있는지 생각해보게 되었다. 20대에게는 취업 자체가 최대의 문제로 등장했다.

이처럼 같은 사건이지만 다 다른 시각을 갖게 된 이유는 각자가 살아온 시대와 정치, 경제, 인권 등의 환경이 달라졌기 때문이다. 달라진 상황에서 살고 있는데도 여간해서는 생각이 바뀌지 않는다. IMF 이전에 경제 활황기를 거쳐온 50~60대는 20대 청년에게 자신의 경험을 이야기한다. "열심히 하면 일자리가 있다"거나 "나이가 차면 결혼하고 아이도 낳아 키워야지"라는 말은 요즘 젊은이들에게 이해가 되지 않는 것을 넘어 세상 물정 모르는 지나간 세대의 한가한 이야기로 들릴 수밖에 없다. 그러므로 개인이나 집단의 경험을 일괄적으로 적용할 때 소통 단절이라는 문제점이 드러나게 된다.

나는 이 문제를 해결할 능력으로 분석력과 창의성을 꼽는다. 분석력은 '이리저리 얽혀 있거나 복잡한 것을 풀어서 개별적인 요소나 성질로 나누는 것'을 뜻한다. 경험은 분석할 때 참고로 쓰일 수 있을 뿐 그대로 따라 하는 매뉴얼은 아니다. 그런데도 경험이 큰 도움이 되는 이유는, 분석할 수 있는 기준이 되기 때문이다.

분석한 후에는 창의적으로 해결방법을 도입할 수 있어야 한다. 참고한 내용이 지금과 어떤 공통점이 있는지, 차이점은 무엇인지, 당시 그렇게 처리하지 않았다면 어떤 결과가 나왔을지 등등을 고민해보고, 거기에 창의적 사고가 더해진다면 새로운 시작 지점이 보일 것이다. 이는 곧 열린 사고로 연결된다. 열린 사고는 현재 상황을 있는 그대로 받아들이고 인과관계를 찾아낸 후 더욱 합리적인 결정을 내리게 한다.

모 기업에서는 창의적 인재 발굴 기준이 국제화 시대에 맞춰져 있으며 "세계 무대에서 활약할 수 있는 글로벌 역량을 갖춘 인재", "불굴의 의지와 열정으로 끊임없이 도전하고 독창적인 시각과 접근으로 새로운 가치를 창출하는 인재"를 기준으로 한다고 밝혔다.

회사 경영에서 열린 사고는 위험에 대처할 수 있는 능력을 높이고, 필요 없는 데 쓰는 에너지를 최소화시킨다. 반대로 고정관념은 단순화한 기준으로 상대방을 평가하는 것으로, 상이한 조건이나 개인 차이, 능력을 무시한 채 일반화하는 것을 말한다. 고정관념으로 판단하고 결정하는 것의 문제점은 협소한 시야를 갖기 쉽다는 점이며, 특히 수시로 변화하는 특수성을 지닌 시장에서는 판단 오류를 낼 확률이 높다는 점이다. 그러므로 고정관념이 없는 조직일수록 시장을 읽는 지혜가 발전하는 것은 물론이다.

3
PART

경영의 기준

　얼마 전 모 잡지 기자와 인터뷰를 하면서 "회장님의 경영철학이 무엇이냐?"는 질문을 받았다. 오랫동안 기업을 운영해왔지만, 딱히 '철학'이라고 내세울 만한 것이 없다는 생각이 들었다. 그 이유는 철학과 경영의 상관관계가 모호하기 때문이다. 경영철학까지는 아니더라도 경영에 대한 기준은 확실히 세워왔다고 생각한다.

　사회학 사전에서는 '경영'을 '산업연구나 조직론에서 막연하게 사용되는 개념, 즉 조정, 계획, 통제와 같은 경영자의 활동을 가리키는 것 외에도 공장산업 경영책임자의 의미로 쓰이며, 또 사용자로서 경제적 활동을 하는 모든 층을 말하기도 한다'고 정의했다. 지금은 경영의 개념도 많이 달라져 자기경영, 가정경영, 사회경영 등 협의와 광의를 함께 지닌다.

내 기준으로 보았을 때 경영하는 사람을 세 부류로 나눌 수 있다고 생각한다.

첫째, 장사꾼이다. 장사치라고도 하는데, 이는 장사하는 사람을 낮잡아 이르는 말이다. 장사꾼의 목표는 오직 돈을 버는 것이며, 마음에 걸릴 만한 잘못이나 속임수도 일종의 수완이라고 생각한다. 그러나 돈이 목적이 되면 크게 성공하기 어렵다.

둘째, 상인이다. 상인(商人)은 영어로 머천트(merchant)라고 하며, 해도 괜찮은 사업과 하지 말아야 할 사업을 구별한다. 상(商)의 뜻이 '장사하다'이므로 당연히 장사치를 상인이라고 생각할 것이다. 하지만 이 단어에는 한 나라의 멸망과 관련한 사연이 담겨 있다.

옛날 중국에 상(商)나라가 있었는데, 우리나라 사람에게는 은(殷)나라로 알려진 곳이다. 원래 상나라였던 국명이 은나라로 바뀐 데에는 이유가 있다. 본래 상나라는 '상'이란 부족명을 가진 백성들이 '상'이라는 지역에 세웠기 때문에 당연히 상(商)이 되었다. 그 후 상나라는 은(殷) 땅, 즉 안양 지방으로 천도했고, 다른 부족에게 은나라로 불리기 시작했다. 안양 지방은 상나라의 문자 기록판인 갑골문이 대량으로 발굴된 곳으로도 유명하다.

상나라는 기원전 1700년 무렵 출범하여 기원전 1100년 무렵 멸망했다고 알려져 있는데, 상나라의 마지막 군주는 31대 주왕(紂王)이다. 주나라에게 멸망한 상나라 백성은 나라의 중심이 주나라, 즉 서쪽 시안(西安) 지방으로 옮겨 감에 따라 삶의 근거지를 잃게 되었고, 백성 대부분이 거리로 나서 날품팔이를 할 수밖에 없었다. 바로 이렇게 길을 다니며 살아가는 상나라 유민을 가리켜 행상(行商)이라 불렀고, 물건을 사고팔며 생계를 이어가는 사람들이 대부분 상나라 사람인 까닭에 '상인'이라고 부르게 된 것이다. 이런 이유로 중국의 상업이 월등히 앞서게 되었다.

「사기」에는 기원전 460년 무렵 월나라 구천을 도와 오나라를 격파하고 춘추오패에 오르게 한 범려(范蠡)란 인물이 자세히 기록되어 있다.

범려는 역사에 나오는 최초의 대상인이었다. 그는 대신의 자리에서 물러난 후, 당시에는 합법적이던 매점매석으로 엄청난 부를 일구었는데, 그가 이룬 부의 대부분을 이웃에게 베푸는 데 사용했다. 기록에 따르면 그는 세 번에 걸쳐 만금의 재산을 모았는데 세 번 모두 이웃에게 돌려주었다고 한다. 그는 자신의 이익을 구한 자가 아니라 경제적 방식을 시험해본 정책가라고 할 수 있다. 그를 가리키는 도주공(陶朱公: 도 땅에 사는 인물이란 뜻이며, 주위 사람들이 붙여준 이름)이란 이름은 지금까지도 중국 역사상 최초의 상인이자 갑부의 대명사로 일컬어지고 있다.

셋째, 기업가이다. 기업가는 상인이기도 하지만 그 영역을 넓혀 사회에 책임을 지는 사람이기도 하다. 기업가 역시 경영자로서 기업경영에서 변화와 혁신을 추구하며, 혁신적이고 창의적인 사고와 실행력을 발휘할 수 있어야 한다.

우리나라의 예로 보자면 1980년대에는 강한 도전과 용기 있는 시도로 돈을 벌었고, 1990년대에는 관계에 의존했다고 볼 수 있다. 지금은 지식과 능력에 의존해야 한다. 창조적인 기업가는 현실을 바라보는 문제의식과 혁신 의지를 기반으로 새로운 가치를 창출하고 실패를 두려워하지 않고 극복해내는 도전정신을 갖추어야 한다. 이런 점에서 기업가는 기업의 영리와 가치를 동시에 추구하는 사람이라고 볼 수 있다.

기업가 중에서도 제조업을 이끌어가는 사람에게는 창조적인 사고가 필수이다. 가상의 개념이나 사람들이 원하는 상품을 상상하여 유용한 제품으로 생산해낸다는 것이야말로 무에서 유를 창조하는 대표적인 사례라고 할 수 있다. 물론 눈에 보이지 않는 가치를 실현하는 기업가도 많다. 예를 들자면 구글, 페이스북, 아마존 등을 설립한 창업자들이 기업가정신을 지닌 사람이라고 볼 수 있다.

기업가는 공부를 많이 한다고 해서 성공가능성까지 높게 보지는 않는다. 경제학자가 기업을 경영한다고 성공률을 높게 볼 수 없는 것과 마찬가지이다. 공부를 많이 한 사람이라도 사회를 겪어보지 않는다면 현실과의 괴리감으로 무척 당황할 것이다. 기업가정신에서 중요시되는 '창조'는 일을 머리로만 생각해서는 되지 않는다. 그런 경우에 생각이 지식에만 얽매여 그것만을 생각하기 쉬울 수도 있다. 즉, 이론이라는 얼개에 현실이라는 감각을 입히지 못한다면 번뜩이는 아이디어를 낼 수 없게 되는 것이다.

내가 생각하는 경영은 현장에서 시작된다. 현장에는 경영에 필요한 모든 것이 있다. 직원, 기계, 근무환경, 제품과 영업, 손익까지 그 안에서 다 만들어지기 때문이다. 내가 가장 중요하게 생각하고 자주 머무는 곳도 바로 현장이다. 모든 생산 과정에서 강조하고 실천하고자 하는 것은 '청결'이다. 청결에서 최고 품질을 갖춘 제품이 나온다.

나는 회사에 출근한 다음, 사무실에서 보고받고 급한 일을 처리한 후 꼭 현장으로 내려가서 두어 시간 정도 직원들과 함께한다. 회장이 현장에 있는 것은 단지 직원들이 어떻게 일하는지 알고자 하는 것으로 그치지 않는다. 혹 내가 있는 것을 불편해하는 직원이 있을 수 있으나 일상이 되면 그렇지 않다. 나는 힘든 직무를 맡은 직원을 만나면 절대로 그냥 지나치지 않는다. 그 자리에 멈춰 서서 직원과 같이 그 일을 해보고서야 자리를 뜬다. 길게는 10분, 짧게는 2~3분가량 그 사람이 하는 일을 같이 한다.

나는 예전부터 현장에 있었고, 직원이 놓치고 미처 처리하지 못한 허드렛일, 기계 돌리는 일까지 해봤기 때문에 이렇게 하는 것이 낯설지 않다. 지금은 거의 자동화 시설이 되었지만 옛날에는 튜브를 꽂고 기계를 돌리는 일까지 일일이 사람이 했다. 그렇게 땀을 흘리며 직접 손으로 했기 때문에 몸으로 일을 익힐 기회가 있었다. 나와 직원이 함께 매일이다시피 제품의 재료가 되는 알루미늄이나 납을 용해했다. 지금은 용광로가 있지만, 옛날엔 가마에 불을 때서 재료를 녹였다. 한여름은 말할 것도 없고, 한겨울에도 온몸이 흠뻑 젖을 만큼 땀을 흘리며 제품을 만들어냈다. 그렇게 하면서 직원들과 끈끈한 믿음과 정이 쌓였고, 기계의 원리나 제품이 생산되는 과정을 제대로 알게 되었다.

나는 현장에서 직원들이 하는 일이 쉽고 아무나 허투루 할 수 있는 것이라고 생각한 적이 없다. 대표라고 해서 직원들과 뭔가 다르다는 의식을 가져본 적도 없었으며, 저 사람이 하는 일을 언제든지 나도 할 수 있다는 생각으로 다가가곤 했다. 나는 생산직에 있거나 입사한 지 얼마 안 되는 어린 사람일수록 권위의식을 버리고 편하게 대하고자 한다.

하지만 간부들을 대할 때는 다르다. 간부들은 일반 직원이 하는 일하고는 비중도 몫도 다르므로 회사에 대한 책임도 무겁게 느껴야 하고, 나 역시 대하는 방법이 달라야 한다고 생각한다. 그들은 칭찬으로만 관리하는 대상이 아니기 때문이다. 임원들과 회의를 할 때는 나와 같은 눈높이에서 회사를 바라보도록 주인의식을 심어주었고, 외부 상황에 경각심을 느끼도록 긴장감을 그대로 노출하기도 했다.

1. 클린 경영으로 답을 얻다

우리 회사를 방문하는 분들이 놀라는 점은, 이 건물에 공장이 있느냐는 것과 어딜 돌아봐도 깨끗한 근무 환경이라는 것이다. 나는 부국티엔씨(주) 자회사인 펌텍코리아 건물을 지을 때 사람들이 생각하는 '공장'처럼 짓지 않았다. 공장이 많은 주변 여건상 조금은 독특한 자재를 쓴다든가 공간을 여유롭게 하고 미관을 생각하는 것이 어울리지 않아 보이기도 했다. 하지만 나는 건물을 짓는 내내 함께 고민하고 꼼꼼하게 체크했다. 내부는 물론 외부도 하나하나 확인하고 직접 지휘하는 등 시간과 노력을 아끼지 않았다. 비용을 많이 들인 것은 아니나 갖고 있는 자재를 최대한 효율적으로 활용하여 좋은 결과가 나올 수 있도록 애를 썼다.

부드러운 살구색 대리석으로 외장을 꾸몄고 밖을 볼 수 있도록 중간에 통유리를 넣었다. 건물 안은 미술품과 조각 작품, 편안한 조명으로 안정감을 느낄 수 있도록 했다. 지금도 회사 내부 환경, 즉 공기와 온도, 습도 등을 최적으로 맞추어 가장 일하기 좋은 상태가 될 수 있도록 신경을 쓴다. 우리 회사에서 생산하는 제품 역시 하나의 작품이라는 생각으로 진열장에 정렬해놓았다. 이처럼 모든 면에서 청결과 단정함을 강조하는 이유는 단정함이 클린 경영의 기본이 되기 때문이다. 이를 자세히 설명하면 다음과 같이 크게 세 가지로 나눌 수 있다.

1) 깨끗한 환경

몇 년 전부터 우리나라 사람들에게 퍼져 있는 개념으로 '깨진 유리창 법칙'이라는 것이 있다. 이 법칙을 한마디로 정리한다면 '아주 작은 무질서가 심각한 범죄를 일으킬 수 있다'는 것이다.

이 이론은 전 세계적으로 인기를 끌었는데, 시작은 미국의 범죄학자 제임스 윌슨(James Q. Wilson)과 조지 켈링(George L. Kelling)의 연구결과에서 시작되었다. 1982년 「월간 애틀랜틱(The Atlantic monthly)」에 발표한 〈깨진 유리창(Fixing Broken Windows: Restoring Order and Reducing Crime in Our Communities)〉에서 자동차의 유리를 예로 들었다. 자동차의 깨진 유리창처럼 사소한 무질서가 큰 범죄와 무질서 상태를 가져올 수 있다는 내용이었다. 그러므로 경각심을 느끼고 작은 것이라도 질서정연한 상태로 유지하는 것이 미래의 더 큰 범죄를 막는 데 중요한 역할을 한다는 뜻이다.

이와 관련한 또 한 가지 사례로 1969년 미국 스탠퍼드대학교의 심리학과 교수 필립 짐바르도(Philip Zimbardo)의 실험이 있다. 그는 자동차 두 대를 세우고 보닛을 열어놓고 한 대는 유리창을 깨놓고, 다른 한 대는 깨지 않은 상태로 일주일 동안 버려두었다. 일주일 후 확인해보니 유리창이 깨지지 않은 자동차는 원래 상태를 유지하고 있었지만, 유리창이 깨진 자동차는 차의 부속품이 거의 다 없어져 있었다. 자동차에서 더는 훔쳐갈 것이 없자 마음대로 파손하는 행동까지 나타났다. 놀라운 사실은 거칠고 폭력적인 무뢰한이 아니라, 교양 있고 평범한 시민들로 보이는 사람들이 파괴행동을 행했다는 점이었다.

회사 경영에서 '깨진 유리창' 현상은 여러 영역에서 일어날 수 있다. 품질관리, 마케팅, 고객서비스, 조직관리 등 예상치 못한 곳에서 나타날 수 있다. 한때 미국의 대형 마트로 손꼽혔던 K마트는 설립 초, "우리는 당신이 원하는 것을 가지고 있다. 그리고 가장 저렴한 가격에 제공하고 있다"는 콘셉트로 매장을 운영했다. 손님이 늘어나면서 경영진이 초심을 잃고 '고급 물건을 파는 매장'으로 이미지 변신을 시도했고, 그 과정에서 특별할인 제도인 '블루 하이트 스페셜'을 폐지했다. 그 결과 대형 마트 가운데 1위라는 부동의 자리를 뺏기고 말았다. 그러므로 경영자는 항상 겸손한 자세로 주변을 둘러보고 인력, 제품, 환경 등을 세밀하게 관찰하고 문제가 있으면 바로 해결할 수 있어야 한다.

나는 깨진 유리창 법칙을 역발상으로 생각했다. 회사에서 깨진 유리창 역할을 하는 곳은 눈에 잘 띄지 않는 으슥한 공간, 바닥, 칸막이로 가려진 구석 등일 가능성이 컸다. 나는 그 부분에 집중하여 맹점이 될 수 있는 공간을 만들지 않으려고 노력했다. 차를 마실 수 있는 장소도 사무실 앞에 비치하여 누구나 쉽게 접근하고 자발적으로 마신 후 지저분하면 바로 치울 수 있게 만들었다. 이처럼 주변이 깨끗하면 작업자의 집중도도 높아지고 안전사고가 줄어 무재해를 달성할 가능성도 높아진다.

2) 깨끗한 마음가짐

마음은 보이지 않는다. 하지만 누구도 사람의 마음이 없다고 생각하지는 않을 것이다. 경영자는 항상 단정하고 깨끗한 마음을 유지할 수 있어야 한다. 깨끗한 마음, 즉 청정심을 유지하려면 도덕과 정직이 기본이 되어 있어야 한다. 이는 단순히 경영의 영역을 넘어 "나는 도덕적으로 얼마나 깨끗한가?" 하는 질문에 어떻게 대답할 수 있는지가 기준이 될 것이다. "깨끗하다"라고 대답할 수 있으려면 기업의 이윤에 앞서 소비자의 권리와 편의를 생각하고 보호하는 데 앞장서야 할 것이다. 우리나라 기업의 성장은 어쩌면 내가 주력하는 부분인 '클린'과 상관없이 질적·양적 성장을 최우선으로 삼은 것으로 보인다.

우리나라의 경제성장은 1961년 '경제개발 5개년 계획'에서 시작되었다고 볼 수 있다. 1953년 한국전쟁 휴전 후 국민의 염원은 '잘 먹고 잘 사는' 것이었다. 폐허가 된 거리에는 전쟁고아들이 헤매고 다녔고, 자력으로는 도저히 살아남을 수 없는 시기였다. 무엇이든 돈이 되는 산업을 일으켜야 했다.

당시 경제개발계획이 추진되면서 농촌 인력은 도시로 몰려들었고, 10년 넘게 경공업 최우선 정책이 활성화되었다. 1970년대 후반에는 중화학공업 육성에 집중하며 철강과 자동차 등 중형 소비재로 품목이 바뀌었다. 이처럼 공장과 도시산업이 급속히 발전하면서 경제적 수익과 발전을 위해서 무리를 해서라도 도전하고 성공하는 것이 지상 최대의 과제가 되었다. 이 과정에서 정경유착과 기생관광이라는 오명도 입었고, 무리한 투자로 회사가 도산하거나 세금포탈로 걸려들기도 했다. 노사 갈등도 더욱 심화하였다. 기업경영에 클린이나 원칙, 정직이라는 말이 어울리지 않던 때였다.

1982년에는 기업의 성장과정을 반영한 드라마로 〈거부 실록〉 다섯 편이 나왔다. 주로 부자의 입지전적인 내용이 중심이 되었는데 그중, '공주 갑부 김갑순' 편은 당시 사회현상과 맞물려 큰 화제를 모았다. '땅 투기꾼 1호'인 김갑순(박규채)의 극 중 대사 '민나 도로보데스'는 '장영자·이철희 부부 어음 사기 사건'과 맞물리면서 5공화국 비리 세태를 풍자하는 유행어로 널리 오르내렸다.

이 드라마와 당시 사회경제 상황이 기업인에 대한 부정적인 고정관념을 만들어내는 데 일조한 것으로 보인다. 내가 기업을 경영하면서 클린 경영을 가장 큰 가치로 지키고자 했던 이유도 기업이 가진 구습을 끊고자 하는 희망이 컸기 때문이었다.

깨끗한 마음가짐을 강조하는 또 한 가지 이유는, 모든 행동의 바탕이 되기 때문이다. 혼탁한 마음으로 무엇인가를 해본 사람은 알 것이다. 마음이 혼란스러우면 공부도 되지 않는다. 마음이 혼탁한 사람은 말과 행동으로 드러난다. 우연으로 보이는 실수의 이면을 살펴보면 복잡하고 정리되지 않은 마음, 즉 깨끗하지 못한 마음이 있었음을 알 수 있다.

3) 깨끗한 제품

내가 생각하는 깨끗한 제품이란 단순히 외장만을 이르는 것이 아니다. 이를 위해서 지켜야 할 기준이 있다.

첫째, 소비자의 요구에 적합해야 한다.

소비자가 제품을 구매하는 과정은 여러 프로세스를 거치게 되어 있다. 일정 금액을 지불하고 제품을 사기로 했을 때는 본인이 기대하는 바를 채울 것이라는 기대가 있기 때문이다. 구입 후 사용하면서 예상대로 또는 그 이상의 효과를 보았을 때 소비자의 만족도는 높아진다. 나는 그 상태를 깨끗한 제품과 소비의 과정으로 평가한다. 이를 위해서는 과대포장과 과대광고, 쓰임새라는 본질에 어긋나는 상품을 만들지 말아야 할 것이다. 이는 유무형의 재화를 포함해 거의 모든 영역에서 기준으로 할 수 있는 내용이기도 하다.

예를 들어 한 달 후에 창업할 목적으로 강의를 듣는 사람은 자신이 원하는 핵심 내용이 나오기를 기대한다. 하지만 강사가 이론에 치우쳐 경영의 이론에 많은 시간을 할애하거나 성공한 사람의 인성, 자기 자랑, 막연한 가능성을 얘기한다면 듣는 이는 답답해질 수밖에 없다. 그 강의를 듣고 나오면서 시간과 돈을 낭비했다는 억울한 생각이 들고 강사에 대한 인상도 좋지 않게 된다. 혹 무료강의라고 해도 시간이라는 비용을 냈다는 면으로 본다면 이미 비용을 지불한 셈이다. 그러므로 소비자의 요구를 정확히 인식하고 맞춰주는 것은 생산에서도 기본이 되는 조건이다.

둘째, 제품을 만드는 재료가 안전하고 깨끗해야 한다.

제품을 만들어내는 재료에 대한 안전성 여부는 가장 많은 논란을 일으키는 부분이기도 하다. 가까운 예로 가습기 살균제 사건을 들 수 있다. 2011년 4월 가습기를 쓰던 가정의 산모와 영유아가 폐 질환에 걸려 사망하는 사건이 일어나기 시작했다. 하지만 피해자에 대한 대책 없이 몇 년이 지나갔고, 2016년이 되어서야 살균제 제조업체 대표에 대한 처벌이 이루어졌다.

가습기 세정제로 쓰였던 원료는 PHMG(폴리헥사메틸렌구아니딘) 인산염과 PGH(염화에톡시에틸구아니딘)로 기도 손상과 호흡 곤란으로 이어지면서 결국 폐 손상(섬유화)까지 이르는 무서운 독성을 지니고 있었다. 피해자들이 사고와 세정제의 관련성을 제시했을 때도 회사 측에서는 제품과 환자의 사망원인이 입증되지 않았다는 이유로 제품 수거에 나서지 않았다.

안타까운 점은 2011년 11월 가습기 살균제의 독성이 확인된 후에도 해당 기업들은 몇백만 원에서 몇천만 원 과징금 부과로 끝났다는 것이다. 2012년 공정거래위원회의 대처도 미온적이라 가습기 살균제의 위험성을 알리지 않고 '안전'으로 허위 표시한 죄를 물어 제조사 네 곳에 과징금 5,200만 원을 부과한 것이 전부였다. 이 문제를 해결하고자 애쓴 사람들은 살균제 피해자와 가족 모임, 환경보건시민센터였다. 당연히 사과를 받고 보상받아야 할 일에 온 힘을 써서 민형사 소송을 해야만 하는 입장이 된 것이다.

그 후 2012년 가습기 살균제 제조·판매 업체들을 상대로 첫 손해배상 소송을 제기했고, 같은 해 8월에는 유족 8명이 가습기 살균제 제조 및 판매사 10곳을 과실치사 등의 혐의로 검찰에 고발했다. 2013년 2월 검찰은 피해조사 결과가 나와야 조사할 수 있다며 기소중지 결정을 내렸다. 그동안에도 가습기 살균제 피해를 당한 중증환자들은 1억

9,000만 원이나 하는 폐 이식비와 매달 350만 원 상당의 치료비를 자비로 부담해야 했다.

검찰이 본격적으로 수사를 시작한 것은 사건이 일어나고 5년이 지난 2016년이었고, 최대 가해 업체는 그제야 공식 사과를 했다. 때늦은 대처를 했지만 상품의 판매액은 상당해서 1994년부터 판매가 중단된 2011년까지 20개 종류가 연간 60만 개가량 판매된 것으로 파악되었다. 가습기 살균제를 사용한 사람들의 숫자는 894만 명에서 1,087만 명에 이른다. 이 사건이 우리나라에서만 크게 두드러졌던 이유는 외국은 애초에 사용허가가 나지 않은 PHMG를 원료로 사용했기 때문이었다.

사건 이후에 환경부는 다섯 개 업체에 각각 674억 900만 원, 212억 8,100만 원, 128억 5,000만 원, 92억 7,200만 원 등을 추징하고 특별구제계정에 내도록 명령했다.

이 외에도 제품을 생산하는 데 필요한 재료에 대한 소비자의 요구와 불안은 노이로제에 가까울 정도이다. 특히 어린이가 갖고 노는 장난감, 초등학생이 쓰는 화장품은 저항력이 약한 대상에 맞게 안전을 먼저 생각해야 하는데도 경제 논리에 가려 유해한 재료를 쓰고 있는 면에서 문제가 크다.

2. 감사로 경영하라(상생의 세 가지 측면)

나는 감사하는 마음과 감사를 표현하는 일이 삶에 얼마나 큰 영향력을 끼치는지 알고 있다. 감사하는 습관은 가장 먼저 본인을 바꾸고, 주변을 활기 있게 하며, 긍정적인 기운을 끌어오게 되어 있다. 하지만 수치화하거나 증명할 수 없기 때문에 종교적 신념이나 자기계발서의 한 부분으로 인식되어온 것도 사실이다.

그러던 중 한 대학의 실험에서 가시화할 수 있는 결과가 나왔다는 사실을 알게 되었다. 캘리포니아대학교 데이비스 캠퍼스의 로버트 에먼스(Robert A. Emmons) 심리학과 교수와 마이애미대학교의 마이클 매컬로프(Michael E. McCullough) 심리학과 교수가 감사의 육체적·정신적 영향에 관해 실험한 것이었다.

두 사람은 자원봉사자를 뽑아 A, B, C 세 그룹으로 실험집단을 만들었다. 그들에게 일주일간 세 가지에 집중해서 말과 행동을 표현하라고 했다. A그룹은 기분 나쁜 일, B그룹은 감사할 일, C그룹은 감정을 드러내지 않고 사실만 이야기하는 일상적인 내용이었다.

그들의 심리를 분석한 결과, B그룹에 속한 사람들이 행복감을 가장 많이 느낀 것으로 드러났다. 이유는 실험 기간 동안 좀 더 긍정적으로 자신들의 삶을 바라보았고, 주변에서 좋은 피드백을 받았기 때문이었다. 그뿐 아니라 B그룹과 같이 있었던 것만으로도 삶을 즐기고 낙천적인 표현을 하는 사람이 늘어났다고 했다. 또 A와 C그룹 대비 B그룹 중 두통이나 감기를 앓은 사람도 없었고 신체적으로도 활기차서 평균 한시간 반 이상을 운동에 투자한 것으로 나타났다.

두 교수는 1년간 다양한 집단을 대상으로 실험한 후 심층분석한 결과 다음과 같은 결론을 내렸다.

"매일 감사하는 태도를 연습하면 더 효과적이라는 것이 밝혀졌습니다. 매일 무엇에든 감사하는 사람들이 남을 배려하고 즐겁게 하루하루를 살아가고 있다는 사실이 드러난 것이죠."

감사하는 태도를 지닌 사람들은 어떤 대상에게 질투, 시기 같은 감정을 느끼거나 짜증을 내는 경우가 적었고, 좌절을 겪은 경험도 현저하게 적은 것으로 분석되었다. B그룹이 뽑은 삶의 변화는 행복, 낙천, 활력, 열정, 흥미, 유머 감각, 운동, 건강, 관대함과 친절함, 가족 관계, 신앙심 등의 상승이었다.

실제로 매일 감사거리를 찾고 일기를 씀으로써 자신의 불행을 이겨낸 사람이 있다. 미국의 여성방송인 오프라 윈프리(Oprah G. Winfrey)인데, 그녀는 20년 넘게 TV토크쇼 프로그램을 진행했고, 40개국에 그 내용이 방영됨으로써 '토크쇼의 여왕'이 되었다. 이후 잡지 · 케이블TV · 인터넷까지 거느린 하포(Harpo : Oprah의 역순) 주식회사를 창립하여 회장으로 등극했다.

하지만 오프라 윈프리의 시작은 그리 평탄하지 못했다. 1954년 미시시피주에서 사생아로 태어났고 9세 때 사촌에게 성폭행을 당하고 마약에 빠지는 등 불우한 어린 시절을 보냈다. 그녀를 일으켜 세운 힘은 '감사'였다. 그녀는 역경을 포함한 삶의 모든 과정에 감사를 표했다.

"비가 오든, 안개가 짙든, 구름이 끼었든, 화창한 날이든 새로운 날을 만나기 위해 매일 아침 커튼을 열어젖힐 때마다 나의 마음은 감사함으로 부푼다. 한 번 더 오늘을 살 기회를 얻은 것이 참으로 고맙다."

이 고백은 바로 감사일기에서 나온 것이었다. 그녀가 감사일기를 쓰는 방법은 간단하다. 첫째, 마음에 드는 노트를 준비한다. 둘째, 감사할 일이 생길 때마다 시간과 장소에 구애하지 말고 기록한다. 셋째, 기상 후 또는 취침 전같이 하루를 돌아볼 수 있는 시간에 감사를 기록한다. 그렇게 매일 감사일기를 쓰는 행위가 어떤 상담자보다 강력한 치유 효과를 얻게 한 바탕이 되었을 것이다.

나는 감사는 외부에서 주어지는 것이 아니라 자신이 찾아내는 것이라고 생각한다. 감사할 거리를 찾아내는 것 자체가 하나의 능력이며, 훈련으로도 할 수 있다. 감사가 힘이 있는 이유는 무심코 흘러버리기 쉬운 것을 유심히 보고, 우연히 주어진 것이 아니라는 사실을 알게 되기 때문이다. 감사는 삶에 대한 겸손한 태도를 키우게 한다.

내게 주어진 '오늘'에 감사하면, "내가 헛되이 보낸 오늘은 어제 죽어가던 이가 그토록 간절히 바란 내일이다"라는 말이 실감 난다. 엄청난 행운이 와야 감사할 거라고 생각하는 사람은 작은 감사거리를 찾아 고백하면서 자신의 삶 자체가 가장 큰 축복임을 깨닫게 된다. 건강과 가족, 일터, 내 이름을 불러주는 사람까지 모두 감사한 대상이며, 혹 마음에 들지 않는 사람이 있더라도 나를 키워줄 수 있는 존재라고 생각하며 대하게 된다. 그렇게 하다 보면 어느 틈엔가 자신에게 감사하는 사람들에게 둘러싸여 있는 자신을 발견하게 될 것이다. 그런 면에서 감사는 주위 사람까지 즐겁게 만드는 건강한 바이러스이다.

1) 직원에게 감사

옛말에 이르기를 '선비는 자기를 알아주는 사람을 위해 죽는다'고 했다. 나는 선비뿐만 아니라 무엇을 하든지 다 비슷하다고 생각한다. 나 역시 진심으로 나를 알아주는 사람을 위해서라면 목숨까지는 아니더라도 이에 가까울 만큼 최선을 다할 것이다. 사실 리더는 말이 아니라 행동이 중요하며, 이성과 감성을 잘 조절하여 상대방에게 다가갈 줄 알아야 한다. 말을 많이 하지는 말되, 일단 입을 열었으면 진실만 이야기해야 한다.

리더가 처음부터 직원들을 솔직하게 대하지 않으면 직원도 리더에게 100퍼센트 신뢰를 갖지 못한다. 관계에 따뜻한 정감을 불어넣으면 기업은 더 많이 발전하고 더 많은 이익을 얻을 수 있다. 직원에게 감사하면 직원에게 감동을 주고, 기업에 대한 감정, 신뢰, 의리, 충성심을 높일 수 있다.

때로 경영자는 사람의 마음을 얻는 것이 얼마나 중요한지 모르는 경우가 많다. 하지만 냉정해 보이는 사업장에서도 인간의 감정은 요동치고 있으며 사소한 일 때문에 수시로 휘둘리기도 한다. 직원을 정말 붙잡고 싶다면 직원과의 거리를 줄이고 마음이 통할 수 있도록 해야 한다. 단단하게 신뢰가 쌓여 있으면 다른 회사에서 더 높은 연봉이나 지위를 제안하더라도 회사에 남아 있겠다고 결정하게 된다. 반대로 평소에 직원의 마음을 얻지 못했다면 직원은 언제든지 회사를 나갈 생각을 한다.

기업은 직원에게 나도 한가족으로 속해 있다는 위로를 줄 수 있어야 한다. 이것이 기업을 운영하는 데 필요한 '온기의 법칙'이다. 관리자는 부하 직원을 존중하고 배려해야 한다. 부하 직원을 중심에 두고 일상생활의 실제적인 어려움을 해결해주어야 한다. 부하 직원은 관리자가 자신에게 주는 따뜻함을 느껴야 한다. 이렇게 해야 직원은 감동해더욱 적극적으로 회사의 이익을 지키며 일을 수행하려 한다.

나는 일주일 중 이틀은 용인에 있는 부국티엔씨(주) 공장에 가고, 이틀은 부평에 있는 펌텍코리아로 출근한다. 직원을 만나고 일하는 게 재밌다. 자주 보니 별다를 게 없는 것 같지만 조금씩 변화하고 있는 것이 느껴진다. 입사한 지가 엊그제 같은데 어엿이 제 몫을 하는 어린 직원도 있고, 어떤 직원은 생각지도 못한 아이디어를 내기도 한다.

나는 매일 밤 잠들기 전에 내일 해야 할 일이 무엇인지 꼽아보곤 한다. 보통 자리에 누워 15~20분간 스케줄을 챙기고 무엇부터 할지 정리한 다음에 잠이 든다. 다음 날 아침에 할 일이 있다는 것이 즐겁고 기대된다.

가끔 친구들을 만나면 자기 사업하는 경우 몇 명 빼고는 거의 손에서 일을 놓고 있다. 쉬고 있는 친구들은 "너, 그 나이까지 일하냐?" 하고 묻는다. 그 질문을 들으면 빙긋 웃고 말지만 속으로 '일하는 게 얼마나 재밌는데'라고 생각할 때가 많다.

일 자체에 즐거움을 느끼는 사람으로 중국의 인터넷 전자상거래 서비스 업체 '알리바바닷컴' 경영자 마윈이 있다. 그는 중국 최초로 인터넷 시장을 들여오고 사업에 성공하여 돈을 많이 번 사람이지만, 그보다 더 큰 가치인 경영을 즐긴 사람으로 유명하다. 첫 사업 동지와 혈맹 못지않은 우정을 맺었고, 끝까지 함께할 수 있는 직원들을 얻었다. 돈을 목표로 하지 않았기에 비굴하지 않았으며, 세상을 볼 수 있는 지혜와 확신이 있었기에 난관을 능히 이길 수 있었다.

그는 "믿음이 있으면 젊다는 것이고, 의혹이 있으면 늙었다는 것이다. 자신이 있으면 젊다는 것이고, 두려움이 있다면 늙었다는 것이다. 세월은 당신의 피부를 주름지게 하는 것에 불과하지만 열정을 잃으면 영혼이 늙는 것이다"라고 말했다. 그가 최선의 성취를 이뤘던 배경에는 일을 돈을 벌기 위한 임무로 생각하지 않고 삶의 일부로 여기며, 즐겁게 일해야 즐겁게 살아갈 수 있다는 의식이 깔려 있었다. 일에서 기쁨을 누리는 것은 더 많이 돈을 버는 것보다 소중하다.

흔히 하는 얘기로 사람의 겉모습이 늙는 건 비슷할지 몰라도 속사람은 다 다르다고 한다. 내 생각도 그렇다. 열정이 있으면 뇌도 쉬지 않고 생각하고 움직인다. 하루하루가 새로운 경험으로 채워지고 기대할 것이 있으면 몸도 마음도 기운이 상승하는 것이다. 열정은 한 사람의 생각과 행동을 결정한다. 사람은 물질이 없어도 살 수 있지만, 정신적으로 무너지면 일어나기가 힘들다. 정신력이 강하면 장애를 극복하고 더 굳건해질 수 있는 기회를 만들어내기가 쉽다.

나는 아침마다 경제신문을 읽고, 일정을 살피고, 사업을 구상한다. 이때 많은 아이디어가 떠오르지만, 그보다 더 중요한 것은 규칙적인 생활에서 오는 안정감과 강한 정신력이다. 출근한 다음에는 회사를 돌아보고 직원들을 살핀다. 직원 중에는 회사에 일찍 도착해서 여유 있게 들어오는 경우도 있지만, 시간에 임박해서 지각이라도 할세라 허겁지겁 뛰어들어오기도 한다.

직원들 중에서도 내가 가장 귀하게 여기고 감사하는 사람은 주부 사원들이다. 그들이 아침에 얼마나 바쁘게 움직이고 식구들을 챙기고 나왔는지 알기 때문이다. 아침밥을 해서 식구들을 먹이고, 아이들 학교 준비물을 챙기고, 설거지에 청소까지 하고 나오려면 얼마나 부지런해야 할까. 맞벌이를 한다고 해도 주부가 감당해야 할 부담과 남편이 해야 할 일은 천양지차일 것이다. 주부로서, 아내와 엄마로서 당당하게 제 역할을 감당하고 회사일도 야무지게 해내는 모습을 보면 기특하고 대단하다는 생각이 저절로 든다.

집에서도 그렇지만 회사에서 주부 사원들이 감당하는 역할은 매우 크다. 이직이 잦지 않고 안정적으로 근무하기 때문에 신뢰감도 더 깊다. 그렇기 때문에 나는 주부 사원들에게 항상 감사한 마음을 적극적으로 표현하는 편이다. 마음을 많이 쓰다 보니 혹 어디 아픈 데는 없는지, 아이 때문에 걱정되는 일은 없는지 늘 유심히 살펴보게 된다. 이것도 노하우라 출근하는 주부 사원의 얼굴만 슬쩍 봐도 마음이 편한지, 뭔가 불편한 일이 있는지 금방 알아챌 수 있다. 얼굴이 좀 안 좋아 보일 때는 어디 아픈 데는 없는지 물어보기도 한다. 주머니에 초콜릿이나 사탕을 넣어가지고 다니다가 애들 먹이라며 주기도 한다.

펌텍코리아는 규모가 커져서 직원과 주부 사원을 포함해 약 600명이 근무하기 때문에 반장 선에서 일을 처리하고 일반사원과는 직접 얘기할 기회가 거의 없다. 용인 공장은 300명 정도라 반장뿐만 아니라 일반사원과도 친밀한 유대관계를 맺고 있다. 부국티엔씨(주)에는 외국인 근로자가 30~40명 있는데, 본국 가족은 잘 지내는지, 어려운 점은 없는지 물어보기도 한다. 어떤 사람은 내가 하는 행동을 보고 일부러 그러는 게 아닌가 생각을 했는지 "어떻게 그렇게 할 수 있으시냐?"고 묻는다. 그렇지 않다. 보여주는 것은 한계가 있고 마음에서 우러나오지 않으면 오랫동안 지속할 수 없다.

나는 휴머니스트인지 인간적인 것이 좋고, 가르치는 데에 소질이 있었다. 대학 다닐 때, 지방에서 서울로 올라와 당장에 오갈 데가 없으니 2년간 입주 아르바이트를 했다. 아이들 집에서 함께 살면서 공부를 가르쳤는데 둘 다 학교를 잘 가서 명문 학교 보내는 선생이라고 이름이 났었다. 그래서 군대를 제대한 후 정식 학원으로 등록하고 2년 동안 제일학원이라는 이름으로 운영했다. 개인이 운영한 학원으로 치자면 아마 가장 빠를 것이다. 강사는 두 명이었는데 나까지 합하면 세 명이 우이동에서 25명에서 30여 명 되는 학생을 가르쳤다. 강사 둘과 열심히 학생들에게 마음을 쏟아 가르치니 어렵지 않게 성적이 향상되었다.

보통 아침에 특강이 있어서 일찍 등교하여 강의가 끝나고 우이동 집에 도착하면 늦은 오후 시간이 된다. 오후 6시 반이 되면 학생들이 와서 가르치기 시작하는데 수업이 끝나는 시간은 저녁 10시 반이었다.

그때는 우이동 일대가 아직 개발되지 않았기 때문에 가옥이나 시설물이 없어 황량했다. 강의가 끝날 때쯤 학부모들이 애들을 데리러 오는데 사정이 안 되어 못 데리러 오는 애들도 있었다. 그 애들을 따로 데려다주고 돌아오면 11시 반이 되었다.

그제야 씻고 내 공부를 하고 나서 새벽 2시쯤 잤다. 그때 내가 사는 모습을 보고 어떤 사람은 힘들지 않느냐고 묻기도 했지만 정작 나는 재미가 더 컸다. 몸은 피곤할 수 있지만 즐거웠던 이유는 학생들을 가르치는 일이 보람 있고 행복했기 때문이었다.

그렇게 분주하게 지내는 동안에도 인연이 되려 했는지, 한 학생의 누나가 수업시간 끝날 때에 맞춰 동생을 데리러 왔다. 볼 때마다 차분하고 속이 깊어 보여 좋은 인상을 받았다. 그렇게 인연이 되어 결혼을 했고 지금까지 내 곁에서 보필해주는 아내로, 아이들의 어머니로 살고 있다. 내가 마음 놓고 사업을 할 수 있었던 것도 아내의 내조가 있었기 때문이니, 내색은 잘 안 해도 감사하는 마음이 크다.

처음 부국금속공업(주)를 시작했을 때 내 나이가 이십 대 중후반이었고 당시 입사한 여직원들은 20대 초반 전후의 사원들이었다. 대부분 초등학교를 마치고 시골에서 올라와 우리 회사에서 일했는데 이후로 공부할 기회가 없다 보니 영어와 수학, 국어 등 공부가 부족했다. 그들 중에서 야간 학급에 보낼 수 있는 경우는 보내주었지만 여건이 안 돼서 못 보내는 직원들은 내가 직접 가르치기로 했다.

나는 공장 내에 장소를 마련한 후 아침 일찍 출근해서 한 시간 넘게 가르쳤다. 책이 없어서 청계천에 가서 중고로 사 왔고, 필기도구와 공책도 준비했다. 그 친구들이 벌써 60대가 넘었을 터인데, 그중에는 오랫동안 우리 회사에서 근무하고 퇴직한 경우도 많다. 지금은 다들 어떻게 지내는지 궁금하다.

부국티엔씨(주) 직원 중에는 사내 커플이 많다. 우리 회사는 유난히 야간작업이 많아 늦게까지 일하다 보니 바깥에서 사람을 만날 기회가 적고, 그렇다 보니 사내 연애가 많아진 것이라고 생각한다. 예전에는 해마다 사내 결혼하는 경우가 많았고, 결혼해서도 우리 회사에 남곤 했다. 40년을 함께 지내면서 그들이 가정을 꾸리고 아이들을 낳고 훌륭하게 키우는 모습을 보면 그저 고맙고 감사하기만 하다. 앞으로도 우리 회사에 적을 두고 있는 직원들 가정이 안전하고 편안할 수 있도록 탄탄하게 기반이 되어주고 싶다.

내가 가장 오랜 시간을 보내고 가장 익숙한 장소는 생산 현장이다. 혹 일이 힘들지는 않은지 유심히 보고, 어려워 보이는 일은 함께 해본다. 거의 그냥 지나가는 경우는 드물고 조금이라도 같이하면서 감각을 익히도록 한다. 내가 현장을 중요하게 생각하는 이유 중 하나는 그곳이 아니면 깨달을 수 없는 것이 있기 때문이다. 또 일하는 직원들을 인격적으로 인정하고 대우하고자 하는 마음이 있기 때문이다.

나는 어떤 일을 하든지 제자리에서 꾸준히 몫을 해내는 사람을 진심으로 존경한다. 경영자가 책상머리에만 앉아 보고받는 걸 편하게 생각하고 외부에만 관심이 있으면 어느새 회사 분위기가 느슨해지고 현실과 동떨어진 것 같은 느낌이 전달된다. 나는 그 이유를 현장에서 벗어난 것에서 찾는다. 어느 일이든 마찬가지이다. 식당을 운영하는 사람은 시장과 주방, 손님을 대하는 것에 익숙해야 하고, 임대업을 하는 사람은 어디에 비용이 많이 들어가는지, 개선할 점은 없는지 살펴볼 수 있어야 한다.

자신이 하는 일을 잘 모르는 사람은 인재가 있어도 어떻게 활용할지를 모른다. 경영자가 직원의 성격이나 일을 정확히 알고 있어야 담당 부서에 발령을 내고, 역할을 조절할 때 조언할 수 있고, 되도록 공정하게 처리되게 신경 쓸 수 있다. 나는 회사를 처음 시작할 때부터 직원들을 무시하지 않았고 내 부족함을 반성했으며, 배울 것이 있으면 겸손한 자세로 그가 가진 전문성을 인정하고자 했다.

나는 하루라도 현장을 확인하지 않으면 마음이 놓이지 않는다. 신상품 아이디어를 낼 때도 머릿속으로만 복잡하게 계산하고 고민하지 않고 직접 땀 흘리고 몸으로 감각을 익혔다. 그래야 실수도 줄어들고 일이 정확하게 추진되곤 했다.

현장에서 직원을 만나는 일이 중요한 또 한 가지 이유는 한 가지 분야를 완전히 파악하면 저절로 다른 분야에 대한 이해도가 높아지기 때문이다. 아이디어는 사람들의 통념처럼 '어느 날 갑자기' 불쑥 떠오르지 않는다. 기존 제품의 생산과정을 잘 관찰하고, 보완했으면 하는 부분과 불편해 보이는 것을 고치고자 할 때 더 잘 생각난다.

물론 현장이 다는 아니다. 멀리 볼 수 있는 시야도 필요하다. 중요한 것은 이 두 가지가 얼마나 균형이 잘 맞는가 하는 점이다.

현재 내가 계획하는 제도 중 하나는 직원들이 필요로 할 때 구체적인 도움을 줄 수 있도록 사내기금을 조성하는 일이다.

2) 협력사에 감사

감히 협력사를 우리 회사, 내 직원처럼 생각했다고 장담할 수 있겠냐마는 '감사하는' 마음을 기본으로 해왔다는 점은 자신할 수 있다. 협력사가 고객의 만족도를 높이는 데 이바지했음을 항상 고마워하고 있다. 회사가 존재하는 이유는 고객의 이익과 요구에 봉사하기 위해서이다. 서비스업이 아닌 제조업이라도 봉사와 서비스 정신이 없으면 오래 지속할 수 없다. 우리 회사와 거래하는 협력업체 중에는 몇십 년 된 회사가 많다. 그분들이 없었다면 우리 회사가 지금까지 안정적으로 발전할 수 있었을까 하는 생각도 든다.

협력사에 대한 감사는 정확한 날짜에 결제를 해드리는 것과, 회사 사정과 상관없이 안정적으로 물량을 공급하는 데 있다. 특히 협력사와의 관계는 '신뢰가 기본이 되어야 한다'는 평범한 자세가 지속적으로 이어갈 수 있는 기준이 된다. 그러므로 서로 신뢰와 애착이 형성되어야 공통의 목표를 이룰 수 있다.

펌텍코리아는 밀접한 협업 관계를 유지하고자 협력사를 공장에 직접 입주시키는 시스템을 도입하고 있다. 이는 본사와 협력사의 상생을 위한 것이며, 기술 지도와 자금 지원에 도움을 주려는 의도가 크다. 개인적으로 이 방법은 생산 공정에서 이견을 조절하고, 필요시 정확하게 의사를 전달하며, 시정할 것이 있을 때 바로 적용함으로써 최상의 효율성을 높일 수 있는 면에서 만족하는 부분이기도 하다.

이 같은 생산 환경은 해외 글로벌 브랜드의 바이어들이 공장에 방문할 때 높은 관심과 신뢰를 갖게 만드는 원인이 되기도 한다. 환경적인 부분이나 시설의 적합성 등을 깐깐하게 따지는 그들은 놀라운 동반성장 환경과 시설적 이점에 크게 감탄하곤 한다.

사실 협력업체와의 동반성장 의지는 근래 들어 더욱 강화되고 있으며, 회사의 크기와 상관없이 여러 곳에서 실천하는 경향을 보인다. 2017년에는 모 그룹이 협력사와의 상생협력 기금으로 8,500억 원을 조성했다. 2019년에도 상생을 향한 시도는 여러 회사에서 다양한 방식으로 진행되고 있다. 치킨 프랜차이즈 K업체는 육계 가격이 높은 시세를 지속함에 따라 협력업체와의 상생 방안으로 원자재 비용을 지원했다. 50여 개에 이르는 육계 가공 협력업체와의 상생을 위해 원자재 비용을 지원함으로써 치킨 도소매 유통과정 전반에 운영 안정화를 시도했다.

지원 방식은 본사가 육계 가공업체에서 매입하는 원자재 입고가를 품목별로 100~200원 인상하는 것으로 진행했다. 회사 관계자는 "최근 지속되는 육계 가격 상승으로 인한 위기 상황에 대해 고통을 나누고자 이번 원자재 비용 지원을 결정했다"며, "본사는 현재 업계 전체가 위기임을 깊이 공감하고 앞으로 위기의 지속가능성에도 대비해 여러 방안으로 대책을 마련하고 있다"고 말했다.

우리 회사도 이 같은 흐름에 동참할 계획이며, 협력사에게 필요한 자금조성 중에 있다. 이처럼 곳곳에 상생을 위한 본보기와 문화가 퍼진다면 대·중·소 기업의 건강한 상생이 좀 더 빠르게 진행될 수 있을 것이라고 기대한다.

3) 고객에게 감사

나는 고객들을 진심으로 감사하는 마음으로 대한다. 50년이란 전통을 이어온 것도 고객의 신뢰와 꾸준한 관계가 있었기 때문이다. 기업은 한 가지만 잘한다고 이뤄지지 않는다. 오래된 빵집을 보면 직접 빵을 만드는 사람, 중간에서 파는 사람, 단골 고객과 입소문 등 여러 가지 요소가 맞물려 있음을 알 수 있다. 여러 가지 요인이 있겠지만 첫째는 고객이 제품을 애용해주기 때문에 100년 이상 가는 것이다. 이 외에 관계되는 모든 분이 다 열심히 해줬기 때문에 기업이 버티고 성장할 수 있었던 것이다. 성공한 기업이나 가게의 공통점은 다양하겠지만 고객께 감사하는 만큼 사업도 잘 진행되었다는 것을 알 수 있다.

우리 회사와 거래하는 고객사들은 대부분 몇십 년씩 관계가 이어질 정도로 안정되어 있다. 우리 회사도 발전했지만 지금까지 함께해온 고객사들이 함께 성장한 것에 큰 기쁨과 보람을 느끼곤 한다. 고객은 어떤 면에서 어려운 관계일 수 있고, 공적인 면의 엄격한 잣대와 사적인 면의 친밀함을 기대하는 등 공과 사적인 관계에서 균형을 요구하기도 한다. 새로운 시장을 개척해가는 면에서는 프론티어적인 동료가 되어야 하기도 한다. 나는 그분들께 항상 감사하고 있으며 앞으로도 파트너십을 유지할 것이라는 믿음에 변함이 없다.

고객께 할 수 있는 최선의 서비스는 '본질에 충실'한 것이다. 본질은 생산자로서 자신이 하는 일에 전문성을 갖추는 것이다. 조건은 상황에 따라 얼마든지 달라질 수 있다. 경제 상황이나 인간관계, 크게는 국제적 상황 때문에 원치 않은 환경이 되기도 한다. 하지만 최고 품질을 유지하며 상대방의 요구를 충분히 담보하고 있으면 결국 기회가 오고 새로운 환경에 적응하여 살아남게 된다. 즉, 관계를 유지하는 것은 본질이 살아 있을 때만 가능하다. 수준 이하의 제품을 생산하고, 그것이 세 번쯤 반복되면 대부분의 관계는 회복하기 어려울 정도로 부담스러워진다.

나는 생산자로서 신상품을 개발해서 제안했을 때 객관적인 판단을 근거로 수용해주는 고객을 만나면 그동안의 노력을 인정받은 것 같아 한껏 고무되곤 한다. 감사는 이후의 제품에 즉시 반영되고, 회사가 요구하는 수준 이상의 신제품을 개발하는 것으로 나타난다. 우리 회사는 고객이 미처 생각지 못한 것까지 고민하고 연구하는 면에서 선도하는 역할을 하기도 한다. 그런 의미에서 모든 것에 감사하는 자세는 우리 회사가 끊임없이 발전하고 성장해온 원동력이다.

나는 가끔 고객의 의미를 생각해볼 때가 있다. 예를 들어 "고객은 왕이다", "고객은 언제나 옳다" 등의 이야기를 들을 때이다. 이 말은 고객에 대한 지극한 감사이자 고객을 인정하는 최대한의 표현일 것이다. 하지만 '언제나'는 위험한 말이다. 이 말이 위험하게 느껴지는 이유는, '어떤 경우라도 그렇다'는 맹목성에 있다.

서비스 직종은 이 말이 잘못 해석되어 소위 '갑질'이라는 신조어를 만들어내기도 했다. 쇼핑센터의 고객, 회사의 상사, 텔레마케터에게 함부로 말하는 사람들을 볼 때면 '손님은 왕이다'라는 말을 잘못 해석한 것 같아 마음이 불편하다. 이는 '고객은 언제나 옳다'에서 나오는 역작용으로, 고객이 소비하는 것은 상품 자체라는 것을 간과하게 만든다. 고객이 지불하고 가져가는 상품에 대한 불만이 있을 수도 있다. 그럴 때 환불이나 교환을 요구하는 것은 당연하다. 담당자는 정해놓은 매뉴얼을 적용하여 적절히 대처하는 것이 의무이자, 처리할 수 있는 한계이다.

고객은 매뉴얼에서 정해놓은 내용이 마음에 들지 않으면 다른 절차를 거쳐 정당하게 항의하면 된다. 그렇지 않고 판매자나 실무 담당자에게 욕을 하고 신체적인 공격까지 하는 것은 갑질 중의 갑질이며 자신의 수준을 적나라하게 보여주는 행동이다. 갑질을 성토할 때 흔히 하는 얘기로 "그들이 내 가족이라면 어떻게 그럴 수 있느냐?"는 말을 한다. 그 말이 크게 설득력을 갖지 않는 이유는 나와 타인을 별개로 생각하고 취급하기 때문이다.

이는 단순히 행동의 문제가 아니라 사고방식, 가치관의 문제라고 여겨진다. 자신보다 낮은 위치에 있는 사람, 약한 사람은 함부로 대해도 된다는 생각에서 나오는 행동이다. 그런 행동은 건강한 자존감에서 나오는 것이 아니라 자신이 갖고 있는 분노와 화를 다른 대상에게 퍼붓는 것이다. 자신이 그토록 소중하다면 타인에게도 함부로 할 수 없을 것이다.

다행인 점은 얼마 전 우리나라 항공사를 대표하는 기업의 가족이 보여준 갑질의 끝판 경험을 목도하고 이를 부끄럽게 여겨 바꾸려는 분위기가 형성되고 있다는 것이다. 이 분위기가 더욱 활성화되고 건강하게 발전하여 생산자와 고객이 서로를 인정하고 감사하는 문화가 생성될 수 있기를 기대한다.

PART

진정한 리더십이란

청소년기에 내게 가장 큰 영향을 준 위인은 세종대왕과 이순신 장군이었다. 초등학교 때는 막연하게 위인으로만 생각했지만, 중학교 때는 두 분 다 엄청난 리더십을 갖추었다는 것을 느꼈다. 회사를 운영하면서 두 분을 롤모델로 삼은 이유도 어린 시절 강한 인상을 받았기 때문이었을 것이다. 그 생각은 지금도 변함없으며, 나름대로 정리한 사고방식을 회사를 운영하면서 실천하고자 노력하고 있다.

1. 세종대왕의 리더십

1) 겸손한 자세로 사람들을 대했다

세종의 위대함은 겸손한 자세로 사람들을 대했다는 데 있다. 왕이라는 위치에 있지만 언제든지 자신이 잘못 판단할 수 있고 잘못할 수 있다는 점을 인정했다. 황희 정승처럼 직언을 서슴지 않은 대신들과 첨예하게 부딪힐 때도 권위로 짓누르려 하지 않고 열린 마음으로 받아들였다. 모르는 것이 있으면 완전히 이해할 때까지 질문하고 또 질문함으로써 그렇게 되는 원리와 배경을 깨닫고자 했다.

2) 백성의 입장에서 다양한 계층의 의견을 들었다

세종은 백성과 가까이 있는 것을 즐겼고, 신분제도에서 자유로웠다. 세종은 "노비도 하늘의 백성이다"라고 할 만큼 인간존중, 생명존중을 실천한 분이었다. 모르는 것이 있으면 그 자리에서 배우거나 이해하고 넘어가곤 했다. 장영실의 뛰어난 능력을 알아보고 적극적으로 등용한 것도 세종이었다. 그 덕분에 장영실은 해시계, 물시계, 옥루, 천평일구 등 다수의 업적을 낼 수 있었다.

3) 무례한 사람은 깊이 괘념하지 않고
가볍게 받아들이고 용서했다

세종은 학식과 현명함이 뛰어났지만 군사 경험이 부족하다는 아쉬움이 있었다. 어려서부터 책 읽기를 좋아한 반면, 말 타기와 활쏘기, 사냥 등을 즐기지 않았기 때문에 그 성향은 더욱 강화되었다. 때로 전쟁의 필요성을 신하들에게 설득하려고 해도 이종무를 비롯한 대신들이 찬성하질 않았다. 아무리 왕이라도 신하와 합의 없이 정책을 실행할 수 없었던 사회 분위기상 신하들에게 무시를 당할 수밖에 없었다. 그럴지라도 세종이 자신을 반대하는 신하를 가까이 둔 것은 직언하는 부하를 수용함으로써 다른 부하들 역시 솔직하게 발언할 수 있는 분위기를 만들고자 했기 때문이다.

그 조직이 살아 있는가, 죽어가고 있는가를 알 수 있는 방법은 위아래로 소통이 잘되고 있는가로도 알 수 있다. 말한 사람이 책임져야 할 것 같아서, 잘해봐야 본전이기 때문에 입 다물고 있는 분위기라면 이미 어딘가 뿌리가 상하고 있다고 생각해야 한다. 특히 우리나라는 유교의 전통 때문에 토론 문화가 자리 잡지 못했고, 상명하복 분위기에 젖어 상하 간 의사소통이 어렵다는 이야기를 많이 한다. 지위가 높아질수록 임원을 맡아 책임이 커지고 경직도는 더욱 강화된다. 한마디로 소통은 약하고 추진력은 강한 것이다.

이 방식이 통했던 시기는 1970~1980년대 산업사회였고, 외부로 나타나는 성과 또한 확실했다고 생각한다. 하지만 2000년대 이후로 이 방법은 통하지 않을뿐더러 시장을 잘못 읽는 원인이 되기도 했다. 수용과 조절 사이에서 균형을 지키는 것은 소통의 핵심이자 난이도가 높은 문제풀이 방식이기도 하다.

리더의 그릇 크기를 알 수 있는 방법 중 하나는 고약한 사람을 가까이 두는가, 그렇지 않은가로 볼 수 있다. 개인으로는 수용될 만한 행동도 리더가 행하면 문제가 커진다. 분명 잘못한 대상이 있고 문제를 일으켰더라도 격분하여 고함을 치거나 행동화해버리면 그동안 쌓아온 이미지와 신뢰가 한꺼번에 무너지게 된다. 그러므로 리더는 항상 말과 행동을 조심해야 한다.

미련한 리더는 자신이 가장 지혜로운 줄 알며 자신의 생각과 행동, 판단을 내세우기 바쁘다. 반면 위대한 리더는 자신이 많은 일을 하는 것이 아니라 많은 사람이 자신보다 더 일을 잘하도록 만드는 사람이다. 세종의 리더십은 지금도 많은 사람이 따라야 할 기준이자 귀감이라고 생각한다.

2. 이순신 장군의 리더십

1) 기본과 원칙을 지켰다

이순신 장군은 철저한 원칙주의자였다. 1579년 선조 12년 2월 훈련원 봉사(정 8품)였던 충무공은 상관이었던 병부정랑(정 5품) 서익이 자신의 친지 한 사람을 승진시켜야 한다는 이유로 인사관계 서류를 만들어 달라는 청탁을 받았다. 말은 부드러웠지만 그의 요구를 거절하면 자신의 위치가 위태로워질 수도 있는 상황이었다. 하지만 충무공은 서익의 청탁을 단호히 거절했다. 정약용의 「목민심서」에도 '청렴은 수령의 본무이며 모든 선의 원천이며 덕의 근본이니, 청렴하지 않고는 능히 수령 노릇 할 수 있는 자는 없을 것'이라고 했다. 이는 당연하지만 실천하기 쉽지 않은 것을 일컫는 말이기도 할 것이다.

훗날 역사가들이 이순신 장군을 평가하면서 명량대첩, 노량해전 등의 전쟁에서 대승을 거둘 수 있었던 원인도 바로 이 원칙주의에서 시작된다고 했다. 그는 작전을 짤 때 전략 기본서인 「손자병법」을 교과서적으로 인용했고, 전쟁을 대비해 미리 지형을 파악하고자 몸소 현장을 답사했다.

이순신 장군은 「손자병법」에 있는 대로 '바람, 숲, 불, 산[風林火山]'을 이용했고, 적을 교묘하게 속이는 것은 물론 다양한 작전을 구사하고자 노력했다. 유리한 조건인지 판단한 뒤에는 적군의 동태에 따라 병력 집중 또는 분산을 결정하여 한 치도 착오 없게 전략을 추진했다.

풍림화산을 다스리는 방법은 다음과 같았다.

바람[風]: 군대가 움직일 때는 질풍처럼 빠르게 움직여 흔적이 없어야 하고

숲[林]: 멈출 때는 숲의 나무처럼 고요해야 하며

불[火]: 공격할 때는 성난 불길처럼 맹렬해야 한다.

산[山]: 수비할 때는 태산처럼 동요 없이 태연해야 하며

구름: 숨을 때는 검은 구름이 하늘을 가리듯 적의 눈에 띄지 않게 하며

천둥, 번개: 신속히 움직일 때는 번개처럼 빨라 적에게 피할 틈을 주지 말아야 한다.

이순신 장군은 이처럼 특별한 기준으로 원칙과 기본을 철저하게 지킴으로써 전쟁에서 크게 이길 수 있었다. 경영자도 때로 보이지 않는 전쟁을 해야 하고, 그럴 때마다 자신의 원칙을 중심으로 흔들리지 않고 운영할 수 있어야 한다.

2) 주변 사람들을 챙기는 너그러움이 있었다

이순신 장군은 그 누구보다도 부하들을 아끼는 분이었다. 왕께 승전 보고서를 올릴 때도 자신의 공을 내세우기보다는 부하들의 공을 앞세움으로써 사기를 북돋워주었다. 반면 강경한 원칙도 있어서 잘못을 저지른 부하들은 그냥 넘어가지 않고 엄벌을 주어 타의 확실한 기준을 삼고자 했다. 이처럼 카리스마와 온유함을 함께 지닌 이순신 장군 덕분에 부하들이 더욱 강하게 결집될 수 있었다. 일본과 전쟁 시 우위에 있을 때도 전멸하지 않도록 왜군의 배를 한두 척은 남겨두었다고 한다. 그 이유는 왜척을 다 부숴버리면 살아남은 왜군들이 조선 땅으로 올라와 백성들을 괴롭힐까봐 최소한으로 도망할 길을 마련해준 것이다.

3) 분주한 중에도 경청과 대화로 소통했다

이순신 장군은 소탈한 분이었다. 바쁜 중에도 짬을 내어 병사들과 함께 활쏘기, 바둑, 대화를 즐겼다고 한다. 이 시간을 통해 상하 관계에서 오는 경직성을 탈피하고 자유롭게 소통할 수 있는 기회를 만들었다. 이처럼 스스럼없는 소통 방식 덕분에 전략을 세울 때 병사들이 자유롭게 의견을 낼 수 있었다. 전략을 짤 때도 수군 중에서 어부의 의견을 경청했다. 그들은 바다 지형과 조류 등을 잘 알고 있었기 때문이다. 이순신은 지위가 낮은 어부들이 무심코 하는 소리도 귀담아듣고 전략에 활용했다고 한다.

4) 부하와 백성을 안심시켰다

전장으로 나가기 전에 적에 관한 정보나 지휘방침 등을 부하들과 공유해서 잘못된 점은 없는지 점검하고 서로 믿음을 굳건히 했다. 이 부분이 놀라운 점은 본래 이순신 장군은 여진족을 막기 위하여 함경도 동구비보 권관(종9품)으로 무관생활을 시작했다는 점이다. 이후 훈련원 봉사, 충청병사 군관을 거쳐 1580년 전라좌수영 발포(鉢浦) 수군만호(종4품)로 부임하면서 전라도와 인연을 맺게 되었다. 부임 후 이순신 장군은 바다의 특징을 파악하고 지형의 특징을 살펴 전략을 짠 면에서 과연 분석력과 창의성의 대가라 하겠다. 부하들 역시 이순신 장군이 전체적인 전략과 흐름을 정확히 알고 있었기 때문에 신뢰하면서 두려움을 떨쳐버릴 수 있었다. 그뿐 아니라 백성들을 만나면 말에서 내려 일일이 악수를 하고, "전쟁이 곧 끝날 것이다"라고 말해 안심시켜주었다고 한다.

3. 경영자의 리더십

경영자의 시야는 임원이나 평직원과는 분명 다르다. 일반적으로 사람들은 자신의 경험과 잣대, 이해도에 따라 정보를 받아들이는 방식이 정해져 있다. 쉬운 얘기로 자신 앞의 현실을 그대로 보는 게 아니라 보고 싶은 것만 보고, 듣고 싶은 것만 들으려 하는 것이다. 상사에게 어떤 요구를 받았을 때도 자신이 하고 싶지 않은 일, 감당하기 어려운 일은 무시하고, 자신이 할 수 있는 내용만 선별해서 듣고 그만큼만 실행하려고 한다. 같은 실수를 하는 직원이 있을 때 아무리 쉽게 설명하고 이해시키려고 해도 잘 수행하지 못할 때가 있다. 그 사람의 성향이 둔해서 또는 이해력이 부족해서일 수도 있지만, 그 일이 부담스럽고 익숙하지 않아서일 수도 있다.

이는 회사가 아니라 가정에서도 흔히 볼 수 있는 예이기도 하다. 남편은 아내가 하는 일을 굳이 알고 싶어 하지 않고 배우려 하지도 않는다. 세탁기를 이용하는 방법을 아무리 설명해줘도 모른 척한다. 다리미질이 번거롭고 어려운 사람은 간단한 온도조절 레버가 복잡하고 까다롭다고 불평한다. 청소기는 돌리지만 설거지를 하고 그릇을 정리하는 일은 영 귀찮아하기도 한다. 이를 개선할 수 있는 방법은 왜 그런지 이유를 알아보고 못하는 것을 억지로 가르치는 것이 아니라 잘할 수 있는 것부터 파악하는 것이다. 되도록 그 사람이 잘할 수 있는 일을 찾아 효율성을 더하는 것이 가정의 평화를 위한 현명한 방법일 것이다.

회사도 그렇다. 같은 실수가 반복되고 있거나 조직원끼리 이해가 달라 소통이 잘 안 된다면 원점으로 돌아와 어디서부터 오해가 있었는지, 서로 바라는 바가 무엇인지 재점검해야 한다. 모든 직원이 자기 좋아하는 일, 적성에 맞는 일만 할 수는 없지만 사람 자체를 파악하여 그 사람의 목표를 만들어주고 성취하는 과정을 경험하게 해주는 것이 중요하다.

진정한 리더십은 위기에서 나타난다. 위기는 과도한 부채나 부도, 제품 등 다양한 원인에서 올 수 있지만, 시간이 지나면 사정이 좋아지거나 해결되는 경우가 많다. 하지만 고객사에 치명적인 불신을 주거나, 직원들과 채권단에게 신뢰를 잃으면 회복하기가 어려워진다. 그러므로 경영자는 자신의 회사가 가진 사회적 책임을 늘 인식하고 있어야 한다.

4. 의사결정이 빠른 조직

　조직을 운영하는 사람이 인정할 만한 최고의 이상향을 찾기는 어렵다. 어떤 경제학자도 완벽한 모델을 만들어내지 못했으며, 현장경영을 하는 사람의 다양한 시도 역시 허점이 있었다. 단지 나쁜 조직의 특질을 파악하여 바람직한 형태로 만들어가려는 노력이 있을 뿐이다.

　경영자는 항상 새로운 결정을 내려야 한다. 어떤 때는 불과 몇 시간 안에 판단해야 할 때도 있다. 결정의 이면에는 항상 위험이 도사리고 있다. 한 번 잘못 한 결정이 두고두고 문제를 일으키기도 한다. 정확하고 빠르고 유용한 판단을 하려면 평소에 준비가 되어 있어야 한다. 긍정과 부정의 측면을 분석하고, 예상할 수 있는 위험과 감당할 수 있는 정도를 예측해야 하는 것이다. 판단과 결정이 느리면 기회를 놓칠 수 있고, 성급하게 판단하면 손실을 볼 수 있다. 그렇기 때문에 경영자는 항상 깨어 있어야 하고, 끊임없이 공부해 세상을 읽어내야 한다.

　그럴지라도 적시에 의사결정을 하지 못해서 손실을 보는 경우가 생긴다. 그런 예는 계층과 직급이 지나치게 나뉘어 있는 경우에서 쉽게 볼 수 있다. 직급 단위가 많을수록 정확하게 의사를 전달하기가 어렵고, 목표를 공유하기도 어려워진다. 승진하기까지 시간이 많이 걸리고, 평가기준도 애매해지기 때문에 구성원들은 쉽게 의욕을 잃기도 한다. 평가기준이 애매한 경우의 역작용은 실력과 열정으로 인정받으려 하기보다는 사내에서의 인간관계나 학맥, '카더라' 통신이 강화되는 것이다. 이런 분위기에서는 상사의 권위가 제대로 세워지지 않는다.

상사에게 경험과 지식, 권한과 책임이 부여되었음을 인정할 수 있을 때 조직의 질서가 유지될 수 있다. 그러므로 조직을 혁신하여 소통을 원활히 하고, 직원 누구나 조직의 목표를 분명히 알고 있으며, 뚜렷한 기준 안에서 자신의 노력으로 성과를 이루어낼 수 있는 구조를 만들어야 한다. 조직원끼리 필요로 하는 부분에 도움을 청하고, 상대방의 요구도 적극적으로 수용함으로써 건강한 회사로 성장할 수 있을 것이다.

5. 경영자의 시야

경영자는 멀리, 높이, 깊이 볼 수 있는 사람이어야 한다. 기업을 경영하는 것은 배 한 척을 타고 망망한 바다를 항해하는 일과 같다. 타이태닉호의 침몰은 그 위험성을 잘 보여주는 예이다. 1911년 건조 당시 세계에서 가장 큰 배였던 타이태닉호는 길이 269m, 높이는 20층으로 증기기관 하나가 3층 가옥만 한 크기였다. 이중 바닥, 방수격실 16개, 특정 수위가 되면 자동으로 닫히는 문 등으로 절대 가라앉지 않는 배, 일명 '불침선'이라 불렸다. 하지만 1912년 4월 첫 항해 중 사고를 당해 700여 명만 생존하고 선장을 포함한 1,500여 명이 바닷속으로 가라앉고 말았다. 거대한 배가 침몰하는 데 걸린 시간은 2시간 30~40분 정도였다고 한다.

이 사건에서 알 수 있듯 배가 아무리 거대하고 최신 기술과 설비를 갖추었다 해도 침몰하는 것은 한순간이라는 사실이다. 선장과 선원이 합심하지 않으면 목적지를 향해 갈 수 없을 뿐만 아니라 푸른 바다의 제물이 될 수도 있다. 날씨가 쾌청하고 파도는 잔잔하며, 물이 맑아 평화롭고 안정된 상태에서 항해를 할 때도 있다. 그러다가도 예상치 못한 폭풍우를 만나고 어둡고 황량한 겨울 바다에서 당장이라도 배가 뒤집힐 것처럼 위험한 상황을 맞기도 한다. 잔잔하다고 생각했던 바닷속에서 괴물처럼 보이는 생물이 커다랗게 입을 벌리고 달려들기도 한다.

그러므로 항해를 잘하고자 한다면 '준비'에 집중해야 한다. 철저하게 준비하면 경영자는 자신감을 갖게 되고, 직원들에게도 신뢰감을 줄 수 있다. 역으로 준비가 치밀하지 못하면 실패라는 결과가 나타날 수밖에 없다. 결국 프로젝트의 성공 여부를 결정하는 것은 프로젝트의 크기가 아니라 리더의 크기이다. 배를 조종하는 일은 누구나 할 수 있다. 그러나 항로를 정하는 것은 리더이다. 뱃길을 잘 알고 항해를 할 줄 아는 리더는 구성원들을 목적지까지 안전하게 데려갈 수 있다.

사업에서 실패는 사람이 느끼는 가장 큰 두려움인 '죽음과 끝'이라는 근원적인 공포와 닿아 있다. '끝장난다'는 말에서 알 수 있듯이 다시는 일어서지 못할 것 같은 생각에 압도되기도 한다. 이는 동서양의 신화에서도 여러 번 다루는 이야기이기도 하다.

그중 오디세우스(Odysseus)에 관한 이야기가 있다. 오디세우스는 그리스로마신화에 나오는 영웅이며 지혜와 모사자이기도 하고, 수단과 방법을 가리지 않고 승리를 쟁취하는 면에서는 야비한 지도자의 성격을 가진 자로 인식되기도 한다. 그의 지혜와 용맹성은 다른 장군들과 비교가 되지 않았다. 트로이전쟁에서 혁혁한 성과를 거둔 그는 고향을 향해서 떠난다. 바다에서 귀신과 괴물을 만나 천신만고의 끝에 살아남기도 한다.

바다에 있는 귀신 중 가장 아름다운 존재는 세이렌(Seiren)이었다. 세이렌의 노랫소리는 너무나 아름답고 유혹적이었다. 그 소리를 들은 배는 한 척도 빠져나오지 못하고 소용돌이에 말릴 만큼 강력했다. 오디세우스는 그 길을 피해 갔는가. 아니었다. 대신 부하들을 시켜 자신의 몸을 돛대에 단단히 묶게 했다. 그다음 부하들의 귀를 밀랍으로 막아 아무 소리가 들리지 않도록 위험을 미리 제거했다. 부하들은 세이렌은 물론 오디세우스의 목소리도 들을 수 없었기 때문에 목적지를 향하여 노를 저을 뿐이었다. 세이렌이 부르는 노래 가사는 다음과 같았다.

오디세우스여. 그대 그리스 연합군의 꽃이여.
가까이 오세요.
그대의 지친 배를 쉬게 하고 우리의 노래를 들으세요.
우리 노랫소리는 벌집 속의 꿀만큼이나 달답니다.
우리는 세상일을 다 알고 있지요.
트로이전쟁 전에 있었던 일도 알고,
장차 탐스러운 이 땅에서 일어날 일도 다 알고 있답니다.

회사를 운영하는 사람은 세이렌처럼 자기를 칭송하는 노래에 귀를 기울이게 되기도 하고, 지금은 안정되어 있는 시기이니 편하게 쉬어도 된다는 말을 듣기도 한다. 세이렌이 오디세우스에게 한 말도 '트로이전쟁 전에 얼마나 힘들고 어려웠는지, 어떤 지혜로 이겨냈는지 알고 있다'는 것이었다. 그것을 보아 앞으로도 잘될 것이라고 성급하고도 낙천적인 칭찬을 했다.

누구든 자신의 실적을 자랑하고 싶고, 그 실력으로 미래까지 보장받기를 바란다. 대단한 장군 오디세우스도 그 소리엔 마음이 흔들렸다고 했다. 하지만 그는 현실에서 들리는 소리에 눈 감고 귀 막는 것이 아니라 사실 그대로를 보고자 했다. 아무리 성공 경험이 있었어도 자신과 부하들이 탄 배는 여전히 앞을 예측할 수 없는 바다 위에서 흔들리고 있음을, 거대한 바위에 부딪히면 단번에 파산할 수 있음을 잊지 않았다.

오디세우스가 세이렌의 노랫소리를 받아들여 그 자리에 머물렀다면 결국은 빠른 물살에 휘말리고, 수많은 배가 그랬던 것처럼 소용돌이 속으로 들어가 파선되고 말았을 것이다. 하지만 그는 모든 것을 듣되 그 안에 몰입하지 않을 수 있는 장치로 돛대에 제 몸을 묶어두었고, 부하들에게는 필요 없는 말을 듣지 않도록 밀랍으로 귀를 막아 철저하게 역할을 만들어줌으로써 위험에서 벗어날 수 있었다.

경영자에게는 외부의 여러 가지 소리가 항상 들린다. 경기의 부침이나 세계적인 정세, 신상품 개발 압박, 직원들의 변동사항 등 좋은 소리든 불안한 이야기든 흔들리기 쉬운 상황이 된다. 그러므로 경영자가 중심을 잘 잡으려면 정확한 판단력과 비전을 품고 있어야 한다. 모든 결정은 업무를 수행하는 경영자가 책임져야 하기 때문이다.

많은 기업이 최고의 자리에서 무너져 내리는 경우는 수도 없이 많다. 그중 한 예로, 1975년 6월 자본금 500만 원으로 시작해 대단한 성과를 올렸던 모 실업이 있다. 대학 동기생 5명이 모여 오퍼상으로 시작한 기업이었다. 창업 초기부터 구성원이 젊다는 특징과 함께 정직과 바른 기업정신을 모토로 한다는 신선한 경영방식이 사회적으로 화제가 되었다. 창업 후 중동 산유국을 상대로 막대한 양의 시멘트를 수출해 큰 부를 축적하기 시작했다. 1977년 한 해에 이미 인수한 3개 기업 외에 8개 회사를 더 인수해 계열사를 11개나 거느리게 되었고, 종업원도 7,000여 명이 되었다.

이듬해에는 종합상사로 발돋움했고, 1979년 도산 무렵에는 계열사가 14개로 늘어나 있었다. 회사가 급성장할 때 많은 언론은 '재계 신데렐라의 탄생'이라며 찬사를 보냈다. 실제 회사의 성장속도는 엄청나서 불과 몇 년 만에 10대 재벌그룹에 들 정도였다. 하지만 설립 후 5년 만인 1979년 4월 사건이 터지면서 대표가 외국환관리법 위반과 횡령죄로 구속되었다. 그 결과 14개 계열사 모두 도산하거나 경영권이 다른 회사로 넘어가는 상황을 맞게 되었다. 당시 회사의 부채는 1,523억 원에 육박했다. 거대하게 성장한 만큼 붕괴가 더 충격적인 사건이었는데, 이는 어떤 기업이든지 위험성을 내포하고 있다는 것을 보여주는 경우라고 생각한다.

간혹 사업에 성공한 사람들을 만나면, 초창기에는 힘들었지만 지금은 회사가 자리를 잡아서 잘 굴러가고 직원들이 알아서 잘 관리하기 때문에 특별히 할 일이 없다고 말하는 경우가 있다. 일주일에 한두 번 회사에 나가 간단히 업무사항을 보고받고, 자금 흐름만 파악해도 충분하다며 골프나 여행 등을 즐기며 안락한 생활을 한다.

유심히 지켜보면 그 이후로 조금씩 회사의 허점이 있다는 소식이 들려오기 시작한다. 하지만 정작 당사자는 모르고 있을 가능성이 높다.

회사에 가끔 들르는 경영자라면 직원은 골치 아픈 일을 세세히 보고하지 않고 좋은 얘기만 하고 넘어가려고 할 것이다. 손님처럼 회사를 드나드는 사장에게 무엇이 어떻게 잘못돼가고 있는지, 어디서부터 얘길 꺼내야 할지 모르기 때문이다.

성공하는 사람이 착각하기 쉬운 관념이 있다. 바로 한 번 이룬 성공이 지속될 것이라는 근거 없는 믿음이다. 시장은 역동적으로 움직이는 생물과 같다. 고객은 본인이 운영하는 회사 상품에 충성하는 존재가 아니며, 언제든 더 좋은 신상품에 관심을 돌릴 수 있다. 처음 호응을 받던 상품이나 판매 전략, 아이디어가 지속적으로 통한다고 생각하면 큰 오산이다. 한두 번 성공이 자신감으로 이어지고 자기 신화가 되어 '절대 실패하지 않을 것'이라는 오만함으로 바뀌는 순간 그 회사는 내리막길로 들어서게 되는 것이다.

인간의 본질 중에는 '안전에 대한 욕구'가 기본으로 깔려 있다. 그렇기 때문에 한 번 붙잡은 깃대를 놓치지 않으려 하고 주위 상황의 변동과 관계없이 현상유지를 하는 데 초점을 맞추고자 한다. 실제로 내부만 본다면 아무런 문제 없이 돌아가고 있으며, 관련 시장을 분석하고 통계화해봐도 여전히 선두를 지키고 있다. 문제는 그 자료들이 현장보다 늦고, 죽은 자료일 가능성이 높다는 점이다.

현장을 지키지 않고 제대로 읽지 못하는 경영자와 임원들은 거대한 폭풍의 조짐을 발견하지 못하는 항해사와 같다. 다시 강조하건대 경영자, 즉 리더는 항해자이며 키를 조정하는 자이다. 끊임없는 파도를 이겨내고 전진해야 한다. 크기가 똑같은 파도가 매번 같은 곳을 공격하리라고 생각하면 큰 오산이다. 그러므로 변화를 적극적으로 받아들이고 혁신으로 체계화된 기업문화를 형성해갈 필요가 있다.

시장의 변화를 파악하는 가장 좋은 방법은 현장으로 나가는 것이다. 판매대에서 상품을 고르는 소비자가 무엇에 관심을 두는지, 쇼핑을 하면서 부부가 어떤 얘기를 나누는지, 같은 종류의 상품을 고를 때 누구 의견을 따르는지 등을 관찰해야 한다. 비슷한 조건인데도 경쟁회사의 상품을 고르는 사람에게는 "이 상품이 더 좋아요?" 하고 슬쩍 물어볼 수도 있다. 그러면 대부분 소비자는 기꺼이 대답해주고, 자신이 제대로 된 정보를 알려주었다는 생각에 기뻐하기까지 한다. 며칠만 현장에 있다 보면 소비자가 상품의 장단점을 정확히 알고 있고 핵심을 꿰뚫어본다는 사실을 깨달을 것이다.

좀 더 냉정해지고 싶다면, 그들이 선택한 상품을 자사 것으로 바꿀 수 있도록 설득해보는 것도 좋다. 그러려면 경쟁회사 상품과 자사 상품을 정확히 파악해야 한다. 가격, 함량, 재료까지 같은 경우 어떤 조건을 만들거나 바꿔야 차별화할 수 있는지 위기감 속에서 고민하게 된다. 고민은 거듭해서 질문을 낳고 여러 가지 아이디어를 주고받으면서 시장에서 통할 수 있는 생생한 방안을 알려준다.

나는 비교적 무난하게 위험을 예측하고 방향키를 조절하며 회사 운영이라는 항해를 한 편이다. 그 바탕에 멀리 보고, 제대로 확인하고, 다음 길을 열고자 하는 목표가 있었기 때문에 가능했다고 생각한다. 하지만 한 번도 편안하게 회사를 운영한 적은 없다. 다른 업체에서 미처 생각하지 못한 상품을 개발하고자 항상 고민하고 상품화할 방안을 생각했다. 거의 24시간 머릿속에 회사와 제품에 대한 생각이 들어차 있다고 해도 과언이 아니다.

나는 회사에 어떤 일이 있을 때 바로 새 출발할 수 없으면 진정한 경영자가 아니라고 생각한다. 마라톤이지만, 수시로 100미터 구간이 나오는 것이 경영의 특징이다. 외부활동도 최대한 절제하여 생각의 흐름이 끊기지 않도록 노력한다. 어쩌다 지인들과 해외에 놀러 갈 일이 있으면 끝까지 있지 않고 먼저 귀국한다.

대학 동창이 모이는 오래된 모임이 있는데, 회사 일을 마무리하고 가다 보니 늦을 때가 있다. 그러다 보니 농담 삼아 제명해야겠다는 말이 나오기도 한다. 모임을 가볍게 여기고 회사를 중요하게 생각해서가 아닌데, 나타나는 현상이 그러니 경영자는 설명하기도 어려운 오해를 받기가 쉽다.

6. 최고의 조력자들

리더가 균형 잡힌 시각과 자세로 판단하고 방향을 정한다고 해도 항상 옳을 수만은 없다. 그러므로 현명한 경영자는 구성원이 다른 의견을 낼 수 있는 분위기를 만들어야 한다. 같은 상황이라도 각자의 시선과 경험에 따라 얼마든지 다른 의견을 낼 수 있기 때문이다. 조력자의 중요성을 보여주는 사례는 유비와 조조가 통치했던 시기를 보면 알 수 있다.

유비는 관우, 장비, 제갈량의 도움으로 촉나라를 세웠고, 조조도 하후돈과 순유, 허저 등이 보필해주었기 때문에 삼국의 패권을 거머쥘 수 있었다. 촉나라는 중국 삼국시대(221~263)에 있었던 나라로, 전한(前漢) 경제(景帝)의 후손 현덕(玄德) 유비가 촉에다 창건했다. 유비는 형주 목사 유표의 객장(客將)이었는데, 유표가 죽은 뒤 그의 아들 종이 조조에게 투항하자, 제갈량의 협력을 얻고 손권과 동맹했다. 여세를 몰아 적벽 전투에서 조조를 격파하고 형주의 목사가 되었다. 그 후 양쯔강 중류 유역을 거의 장악하자, 익주 목사 유장을 공략하여 스스로 익주 목사가 된 뒤 219년 자신을 한중왕이라 했다.

조조(155~220)는 위왕(魏王)으로 봉해졌으며, 아들인 조비가 위나라 황제의 지위에 오른 뒤에는 무황제(武皇帝)로 추존되었다. 조조는 어려서부터 책을 즐겨 읽었으며, 고대 병법가의 저술을 연구하여 「손자병법」에 주석을 붙인 「위무주손자(魏武註孫子)」를 남기기도 했다. 조조는 20세인 174년 낭관(郞官)으로 관직에 올라 낙양북부위(洛陽北部尉), 돈구현령(頓丘縣令), 의랑(議郞) 등을 지냈다. 이후 184년에 황건의 난이 일어나자 기도위(騎都尉)로 임명되어 영천에서 반란군 진압에 공을 세웠고, 제남(濟南)의 동군태수로 임명되었으나 병을 이유로 사직하고 귀향했다. 190년에는 원술, 손견 등과 연합하여 동탁을 토벌하고 대장군으로 임명되었고 무평후까지 승진했다. 이후 한호(韓浩)의 건의를 받아들여 둔전제 실시와 제도 정비 및 수많은 인재를 등용하여 위(魏) 건국의 기반을 마련했다. 조조는 역동적이고 판단력이 뛰어나며 목표를 달성하려는 강한 의지를 지닌 인물이었는데, 이 장점이 더욱 강화될 수 있었던 이유는 하후돈과 순유, 허저 등 인재가 있었기 때문이다. 그들과 함께하면서 그의 지혜와 책략이 빛을 발한 것은 물론이다.

7. 현대 경영의 조력자들

1) 현장을 아는 사람

현대는 리더십을 지닌 경영자가 모든 결정과 리스크를 안고 가는 시대가 아니다. 그러므로 회사 경영의 전문성을 가진 사람을 찾고 객관성을 갖출 수 있어야 한다. 전문가가 되어야 한다는 말은, 다른 것은 전혀 몰라도 되니 한 가지에만 집중하라는 뜻이 아니다. 한 가지 분야에 최선을 다해 노력하다 보면 주변이 보이고, 원리를 파악하게 되며, 나아가 물리가 트이는 단계까지 이르게 된다. 전문경영인에게 기대하는 바도 이처럼 넓은 시야와 해박한 식견이다.

그런 의미에서 전문경영인은 유비와 조조의 능력을 높일 수 있는, 현대적인 의미에서 조력자라고 볼 수 있다. 그 역할은 안정된 기업을 유지할 수 있도록 구성원의 이해와 의견을 조절하고 생산성 향상에도 이바지할 수 있어야 하는 것이다. 조직하고 기획하며, 업무 전반적인 것을 이해할 수 있는 자질을 통해 종합적으로 파악하고 조언할 수 있는 능력을 강화해야 한다. 그런 점으로 본다면 전문경영인의 업무 비중은 관리로 기울고 창업자가 지닌 직관성과 과감한 투자, 모험심은 약하다고 할 수 있다.

2) 바른말 할 줄 아는 사람

회사 중에는 '인화'나 '단결'을 기치로 내거는 경우가 있다. 회의를 할 때도 반론을 하기보다는 서로 격려하고 불확실한 낙천성으로 끝내는 경우가 많다. 언뜻 보기에는 배려와 경청, 포용을 실천하는 것처럼 보이고 인간존중을 실천하는 이상적인 기업으로 느껴지기도 한다. 하지만 기업은 기업의 철학과 지향해야 할 행동양식이 있으며, 나약하고 부드러운 본성보다는 절제와 치밀함으로 목표를 이루어갈 수 있어야 한다. 회사가 발전하려면 생산적인 충돌을 통해 예상할 수 있는 위험과 이견이 드러날 수 있어야 할 것이다.

때로는 거침없는 의견 제시로 장단점과 문제점, 해결방안을 충분히 공유한 후 결정은 조직 내 권위자가 내려야 한다. 가족적인 분위기는 가정에서 필요한 것이지, 기업이 지향해야 할 것은 아니다.

부모가 경영하다 자식이 합류하는 경우에도 가족적이어서는 안 된다. 한 예로, 가장이었던 회사 대표가 갑자기 사망하면서 아내가 회사를 운영하게 된 경우가 있었다. 아내는 준비가 안 된 상태에서 일하다 보니 여러모로 자신이 없어서 해외에서 유학하고 있던 아들과 딸을 불러들여 경영일선에 투입했다. 그녀는 회사 대표로 자리를 차지하고 있긴 했지만 공사를 구분하지 못했고, 혹 임원이 아들에게 일을 시키거나 출장이라도 보낼라치면 아들이 고생하는 게 싫어서 불편한 기색을 보였다. 선대 회장부터 충성스럽게 자리를 지켰던 임원이 의견을 말하면

남편과 자신을 비교한다고 생각하여 그 사람과 거리를 두었다.

시간이 지날수록 사장 가족과 직원들 간에 소통이 되지 않고 갭이 커졌다. 원래 사장이 경영했을 때와는 다르게 목표가 막연해지고 임원과 직원들은 될 대로 되라는 심정으로 직언도 하지 않았다. 당연히 회사에 크고 작은 문제가 터지기 시작했고 직원들은 계속 근무할 곳이 아니라고 생각하여 이직할 곳을 찾았다. 그제야 사장 일가는 위기를 실감했지만 이미 회사는 회복하기 어려운 지경이 되어버리고 말았다.

사실 가족경영은 세계적인 추세이며 역사성을 갖고 있으므로 그 자체를 문제 삼을 필요는 없다. 미국의 청바지 회사 리바이스, 유럽 금융재벌 로스차일드, 모건 등도 가족 체제를 도입했던 회사이다. 그 회사들 일부는 외부에서 구성원을 받아들이는 분위기이지만 가족경영의 골격은 유지하는 상태에서 전문경영인 체제를 도입하는 분위기이다.

가족이지만 공명정대한 경영으로 모범이 된 기업 중에 듀퐁이 있다. 듀퐁은 경영진을 선정할 때 가족과 비가족으로 구성된 인사위원회에서 공정한 심사를 거치게 했다. 이처럼 합리적인 운영 덕분에 1802년 창업후 150년 넘게 꾸준한 성장을 이룰 수 있었다. 그 후 전문경영인 체제로 바꾸면서 사업체로서 전문성을 더하고자 했다.

그런 의미에서 기업의 건강함을 보여주는 척도는 거침없이 쓴소리를 할 수 있는 직원이 있는가, 얼마나 많은 인원이 참여하는가, 전달방식은 어떤가로 파악할 수 있다. 가족적인 회사 분위기에 눌려 할 말을 못 하고 덮고 넘어가버리거나 한두 사람이 옳은 말을 하더라도 대다수 구성원이 반응하지 않을 수 있다. 바른말이기는 하지만 전달 방식이 서툴고 거칠어 '트집 잡는 사람'으로만 인식되고 핵심이 전달되지 않는다면 좋은 아이디어라도 회사에 직접적인 영향을 미치기 어려울 것이다.

8. 사장의 브랜드

시장에서 사장의 브랜드를 강화하여 회사 경영에 도움이 되는 경우가 있다. 대표적인 경우는 책을 쓰거나 방송에 출연하고 잡지나 신문에 인터뷰를 하는 등 회사의 제품을 직간접적으로 광고하는 경우이다. 전문 모델을 쓰지 않고 사장이 직접 나와서 광고를 하기도 한다. 실제로 사장의 브랜드가 커지면 커질수록 소비자에게 호감을 살 가능성이 높다. 소비자에게 호감을 얻으면 사장의 명망이 높은 회사의 제품을 선택할 가능성이 높다. 사장의 브랜드는 회사의 좋은 영업 무기가 되기도 한다.

역으로 사장의 브랜드화는 매우 조심해야 하는 부분이기도 하다. 모 식품회사 회장은 투박하고 직설적이며 유머러스한 광고로 단숨에 사람들에게 깊은 인상을 주었고 광고 문구가 사람들에게 즐겨 회자될 정도로 인기를 끌기도 했다. 덩달아 회사 상품의 매출도 상승곡선을 그렸다. 하지만 회장의 개인적인 말실수와 제품 재료에 대한 불건전성으로 신뢰를 잃어버리면서 회사 역시 급격하게 추락하는 상황이 되었다.

위에서 무너지기 시작하는 회사는 붕괴 속도와 위험성도 훨씬 더 크다. 따라서 사장의 브랜드를 키우지 않는 것도 하나의 전략이 될 수 있다. 이 때문에 많은 회사가 사장의 브랜드를 키우지 않기도 한다. 사장이 잘못된 송사에 연관되면 회사의 이미지도 같이 나빠지기에 사장의 브랜드를 일부러 강조하지 않는 것이다. 회사의 브랜딩만 제대로 된다면 사실 사장을 브랜딩할 필요까지는 없다.

회사를 운영할 때 사장의 시야가 어떤가에 따라 많은 영향을 받는다. 이와 관련한 사자성어로 기화가거(奇貨可居)라는 말이 있다. 이는 중국 역사에 나오는 말인데, 지혜가 높으면 사업이 흥하나 겸손을 잃고 오만하게 행동하면 순식간에 꺾일 수 있음을 보여주는 예이기도 하다.

투자에 있어서 여불위만큼 핵심을 잘 뚫어보는 사람도 드물 것으로 보인다. 여불위는 한나라 양책(陽翟)의 대상인이었다. 그는 여러 나라를 왕래하며 값이 쌀 때 물건을 사놓았다가 시기를 보아 파는 방법으로 천금의 재산을 모았다. 그는 일삼아 여러 나라를 돌아다녔기에 견문이 넓었고 일이 돌아가는 정도를 파악하는 눈이 뛰어났다.

그 시기에 진나라 소왕 40년에 태자가 죽고, 42년에 차남인 안국군이 태자가 되었다. 안국군에게는 아들 20여 명이 있었지만, 안국군의 총애를 받고 있던 화양부인에게는 아들이 없었다. 그중 하희에게서 태어난 자초(子楚)라는 왕자가 있었는데, 하희가 안국군의 사랑을 받지 못했기에 자초도 보잘것없는 존재로 취급되어 조나라에 인질로 보내졌다. 자초는 조나라에서 매우 곤궁하게 생활했는데, 진나라가 조나라를 자주 공격했으므로 인질로 간 자초는 갈수록 더 큰 냉대를 받아야 했다.

그러던 어느 날 여불위가 조나라 수도 한단에 가서 자초를 만나게 되었다. 여불위는 자초를 보는 순간 '이것은 기화(奇貨)이다. 구해놓고 보자! 옛말에도 기화가거(奇貨可居)라고 하지 않았는가!'라고 생각했다. '기화가거'는 '귀한 재화는 차지하는 것이 옳다'는 뜻인데, 훗날 소중한 보물이 될 만한 물건을 가리키는 말이다.

여불위는 집에 돌아가 아버지에게 물었다. "농사를 지으면 몇 배나 이익이 남습니까?" 아버지는 "글쎄, 열 배쯤 남을까"라고 대답했다. 여불위가 또 "보물을 갖고 있으면 이익이 몇 배나 되겠습니까?"라고 묻자 아버지는 "백 배는 되겠지"라고 대답하였다. 여불위가 다시 "그러면 임금이 될 사람을 사두면 이익이 몇 배가 될까요?"라고 묻자 아버지는 "그야 계산할 수 없을 정도겠지"라고 말했다.

아버지의 설명을 들은 여불위는 "농사를 지어서 얻는 이익이란 그저 추위에 떨지 않고 배를 곯지 않을 정도입니다. 그러나 장차 나라의 대권을 움켜쥘 왕을 키우게 된다면 그 혜택은 두고두고 남을 것입니다. 지금 조나라에는 진나라의 왕자가 인질로 와 있습니다. 저는 이 기화를 사놓겠습니다"라고 말했다.

여불위는 자초에게 5백금을 주어 교제비로 쓰도록 하고, 나머지 5백금으로는 조나라의 진귀한 물건들을 샀다. 그리고 진나라로 가서 화양부인을 가장 잘 움직일 수 있는 사람인 화양부인의 언니를 만나 그녀를 설득했다. 얼마 후 화양부인은 태자에게 자초가 총명하며, 또 그와 교제하고 있는 많은 제후가 얼마나 그를 칭찬하는지를 자세히 설명했다. 그러고는 자신에게 아들이 없으니 자초를 후계자로 정하여 장래를 위탁할 수 있게 해달라고 말했다.

안국군이 그 청을 받아들여 자초에게 많은 자금을 보내고, 여불위에게 자초를 잘 돌봐주도록 부탁했다. 그리하여 자초의 명성은 제후들 사이에서 갈수록 높아져갔다.

이처럼 여불위는 투자 대상을 정확하게 찾아냈고, 투자 기회 또한 민첩하게 포착하여 과감하게 실천했다. 즉, 자신의 투자 대상을 진정으로 꽃피우게 할 정확한 방법을 찾아냈던 것이다. 여불위는 투자 대상의 아버지인 태자와 태자가 총애하는 화양부인에게 아들이 없다는 점을 활용해 자신의 재산을 투자했고, 투자 대상이 권좌를 거머쥘 수 있게 만들었다. 이러한 인맥관계의 활용이 여불위의 성공 요인이었다.

이렇게 천하를 얻은 여불위도 비참한 최후를 맞게 된다. 자신의 애첩까지 자초에게 바쳤는데, 자초의 아들로 왕위에 오른 진시황은 사실은 여불위의 아들이었던 것이다. 그렇다 보니 여불위의 전횡은 도를 넘어섰고, 이를 보다 못한 진시황은 자신의 권력 기반이 형성되자 여불위를 제거해버리고 말았다.

PART

사업의 범위

PART 5

1. 종합하고 분류하라

사업은 최대한의 범위와 최소 단위의 분류를 실현하는 작업이기도 하다. 인적·물적·사회적 자원을 통합할 때는 범위를 넓혀야 하며, 직접적인 생산 현장에 도입할 때는 섬세하게 적용하여 작은 실수도 막을 수 있어야 한다. 나는 사업을 하면서 인덕이 많다는 얘기를 들었고, 나 자신이 사람들에게 도움이 되는 역할을 하고자 노력했다. 이에 감사하는 뜻으로 지금까지 만난 인연을 이야기하고자 한다.

2. 인연의 소중함

가만히 보면 만남이나 인연에 얽힌 노래나 시가 많다. 지금까지 살아온 것을 생각해봐도 인생살이 모든 게 인연이라는 생각이 든다. 나에게도 아주 중요한 인연이 있다. 연세대학교 상경대학에 합격했을 때 기쁨도 잠시, 서울에서 지낼 일이 막막했다. 주변에 아는 사람이 없이 모든 것이 낯설었고 경제적으로도 무척 어려웠다.

그때 입학 동기로 만나 나에게 많은 도움과 용기를 준 분이 지금 부국상사 대표인 장도희 사장이었다. 장도희 사장과는 지금까지 변함없이 좋은 인연을 이어가고 있다. 특별히 그의 부친이신 장동익(張東翼) 선생님께서는 내가 지닌 장래성을 알아봐주시고 물심양면으로 많은 도움과 지지를 보내주신 분이다. 그 덕분에 내가 사업가의 길로 갈 수 있었고, 그분 생전에 정신적으로나 물질적으로 크게 의지했을 정도로 좋은 영향을 받았다.

그때 선생님께서 지어주신 사명이 부국(富國)인데, 기업이 나라를 부강하게 만든다는 나의 생각과 잘 맞아서 지금까지도 그 이름을 고수하고 있다. 선생님이 돌아가신 지 40년이나 지난 지금도 항상 고마운 마음으로 가르침을 기억하고 가슴속에 소중하게 간직하고 있다.

'인연'이라는 말은 중국의 고사성어에서 시작되었다. 옛날에는 남녀가 만나는 일이 쉽지 않았으므로 날을 정하여 결혼적령기 남녀가 연을 가지고 나와 하늘에 날렸다. 수많은 연이 하늘로 날아올라가고 팽팽하게 바람을 탈 때쯤 연줄과 연줄이 얽히게 되고, 그것이 남자와 여자의 연이라면 하늘에서 점지해준 인연이라 생각하여 혼인을 했다. 남자와 남자, 여자와 여자가 얽힌 줄은 제대로 된 인연이 아니라고 해서 쳐주지 않았다.

인연(因緣)의 연 자를 보면 실 사(絲)에 코끼리 상(象) 자로 되어 있다. 코끼리를 실로 연결하여 끌어당기는 것처럼 여간해서는 인연이 되기가 쉽지 않고, 인연이 되었다가도 끊어질 수 있다는 뜻이다. 두 가지 풀이를 보면, 나와 맺어진 모든 것이 감사하고 놀라지 않을 수가 없다.

인연은 사람과 사람, 사람과 사물 사이에서 이루어질 수 있는 관계라고 생각한다. '인연을 맺는다'는 말에서 알 수 있듯 인연은 혼자가 아니라 상대방과 맺어야 의미가 생기는 것이다. 좋은 인연은 좋은 열매를 맺게 되어 있다. 역으로 '인연이 없다', '인연을 끊는다'는 말은 관계가 끝나는 것을 의미한다. 관계가 끊어지면 더는 희망이 없어지는 것이다. 인연이 되려면 접촉점이 있어야 한다. 그것이 사고방식이나 취미, 관심 있는 부분이기도 하고, 호감이 생겨 좋은 관계를 이어갈 수도 있다.

내가 만난 인연은 의도적이라기보다는 자연스럽게 형성된 경우가 많다. 나는 오랜 시간 사업을 해왔지만 내 이익을 위해 사람을 사귀거나 이용하려는 마음으로 인연을 맺진 않았다. 인연을 맺을 때는 사람을 가장 중요한 기준으로 삼았다. 왜냐하면 사람을 먼저 보지 않으면 조건이 눈에 띄고 나한테 도움이 될 것이 있나 계산을 하게 되기 때문이다. 그렇게 사람을 만나면 상대방도 나를 볼 때 계산하고 대하게 마련이다. 상대방을 이용하려고 만나는 사람들에게서는 마음 깊이 만족함을 느끼기가 어렵다.

하지만 많은 사람이 인연, 연줄을 찾아다니는 것도 사실이다. '줄선다'는 말이 바로 그런 경우가 아닐까. 의도적으로 인연을 만들어내고자 하는 경우는, 저 사람에게 좋은 영향을 받고 싶어서, 저 사람과 가까워지면 뭔가 도움이 될 것 같아서라는 목적이 있을 수 있다. 선거 전 정치인의 모습이 대표적인 예로 비난을 받지만 우리 사회에 일반적으로 퍼져 있는 모습이기도 하다.

어떤 사람은 자신이 알고 있는 사람의 숫자를 인연의 대소로 판단하기도 한다. 자기 휴대폰에 천 명이 넘는 사람의 이름이 저장되어 있다고 자랑하는 사람도 있다. 자신의 얘기를 하는데, 유명한 사람을 잘 알고 있다며 그 사람을 계속 거론하는 경우도 있다. 그 사람과의 친분을 과시함으로써 자신도 그 정도 수준이라고 은근히 내세워 자랑거리로 삼는 것이다. 그러나 상대방도 그렇게 자신을 생각해줄지는 깊이 생각해볼 문제이다.

그렇게 볼 때 나는 의도적으로 만들어낸 인연을 가치 있게 여기지 않는다. 왜냐하면 그런 인연은 자신의 목적이 이루어졌을 때 떠날 것이고, 이루어지지 않더라도 떠날 것이기 때문이다. 진짜 인연은 그 사람이 갖고 있는 부나 명예, 힘이 다 없어져도 유지되는 관계라고 생각한다.

인연은 삶의 목표를 이루는 과정에서 만나는 조력자 혹은 길라잡이 역할을 하기도 한다. 독일의 그림 형제 동화집에 '생명의 물'이라는 이야기가 있다.

옛날에 병든 왕이 있었는데 아무도 그가 나아질 거라고 기대하지 못했다. 왕에게는 세 아들이 있었고 아버지의 병이 깊어지자 궁전 정원으로 내려가 울었다. 그러던 어느 날 그들은 한 노인을 만나게 되고 아버지에게 '생명의 물'을 마시게 하면 건강해질 것이라는 말을 듣는다.

첫째 왕자가 생명의 물을 구하고자 길을 떠났다. 물을 구해 오면 아버지가 왕국을 물려줄 것이라고 생각했다. 말을 타고 가는데 난쟁이 한 명이 길에 서서 어딜 가느냐며 왕자를 불렀다. 왕자는 거만하게 그를 내려다보며 대답도 않은 채 무시하고 떠났다. 화가 난 난쟁이가 사악한 소망을 빌었다. 왕자는 산골짜기까지 들어갔는데 가면 갈수록 길이 좁아져 오도 가도 못하고 갇히게 되었다.

첫째 왕자가 돌아오지 않자 형이 죽은 것으로 생각한 둘째 역시 왕국의 주인이 될 것을 기대하고 길을 떠났다. 둘째 왕자도 난쟁이를 만났고 형과 똑같은 행동을 한 뒤 산골짜기에 갇혔다.

셋째 왕자의 차례가 되었다. 난쟁이를 만난 셋째 왕자는 어딜 가느냐는 물음에 생명의 물을 찾으러 간다고 말했다. 난쟁이는 겸손한 태도와 솔직한 그의 대답이 마음에 들어 마법에 걸린 성의 안마당에 있는 분수에서 생명의 물이 나온다고 알려준다. 그리고 철제 요술봉과 빵 조각 두 개를 주고 12시가 울리기 전에 성에서 나올 것을 당부한다.

성 안에서는 아름다운 공주가 셋째 왕자를 반기며 성을 줄 테니 1년 후 결혼식을 올려달라고 한다. 생명의 물을 구하고 돌아오는 길에 너무 피곤해서 잠든 왕자는 성 문이 닫히기 직전에 나오다가 발뒤꿈치가 떨어져 나가게 된다. 돌아오는 길에 처음 만났던 난쟁이를 또 만나게 되었다.

셋째 왕자는 난쟁이에게 부탁하여 첫째와 둘째 왕자를 구한 다음 함께 왕궁으로 돌아왔지만 두 형의 모함으로 왕의 노여움을 사고 사냥꾼에게 죽임을 당할 지경에 처하게 된다. 하지만 사냥꾼의 도움으로 살아나 공주가 있는 성으로 가서 결혼식을 올리고 행복하게 살아간다. 이후 왕의 오해가 풀리고, 첫째와 둘째 왕자는 바다로 출항해버리더니 살아 있는 동안에는 두 번 다시 돌아오지 않았다.

이 이야기에서 인간의 삶은 인연과 인연이 맺어져 다음 단계로 나아간다는 것을 알 수 있다. 이야기에 나오는 난쟁이는 뭔가 부족해 보이는 사람, 볼품없는 사람을 뜻한다. 한눈에 못난 것이 보였기 때문에 건방진 왕자들은 아예 말에서 내릴 생각도 하지 않고 무시하는 투로 말했다. 난쟁이는 "어딜 가느냐?"는 한마디 외에 아무 말도 할 수 없었다. 그러나 셋째 왕자는 그와 '대화'를 했다. 자신이 누구인지 밝히고 해결해야 할 문제도 얘기했다. 난쟁이가 대단한 능력을 가진 자라고 생각해서가 아니라 그저 한 사람, 즉 인격으로 보았기 때문이다.

난쟁이는 자기를 인정해준 셋째 왕자가 고마워서 선물을 주었고, 그것으로 생명의 물이 있는 성에서 물을 긷고 아름다운 공주까지 만나게 되었다. 하지만 형들의 모함으로 죽을 고비를 넘기게 되는데, 이때도 자기를 죽이라는 명령을 받은 사냥꾼의 도움으로 살아났다. 사냥꾼은 평소에 셋째 왕자를 잘 알았거나 은혜를 입었을 것이다.

형들은 처음부터 끝까지 야망과 술수를 쓰는 사람들로 나온다. 그들은 셋째 왕자가 목숨을 살려준 것에 감사하지 않고 끝까지 욕심을 부리다가 결국 바다로 나가 돌아오지 않는다. 첫째와 둘째 왕자를 보면 인간은 원래 잘 바뀌지 않는 존재라는 것을 알 수 있다. 아무리 해도 맺어지지 않는 인연은 바다로 흘려보내듯 헤어질 수밖에 없다는 것을 말하는 것이기도 하다.

어느 나라든 이와 비슷한 이야기가 있고, 세 자매나 삼 형제가 주인공으로 나오는 이야기가 많다. 첫째와 둘째는 인간관계에 서툴고 제 잘난 맛에 사는 사람들이다. 그들은 결국 제 생각에 갇혀서 가도 오도 못하는 지경에 처하고 만다. 사람살이는 어디나 비슷하고 겸손한 사람이 다른 이에게 지혜를 얻고, 작은 인연을 소중히 하는 사람이 큰 복을 받는다는 이야기이다.

밑도 끝도 없는 상황에서 얼토당토않게 인연이 형성되지는 않는다. 우리 회사의 예를 봐도 그렇다. 회사에서 직원 모집 광고를 내면 '조건에 맞는' 사람이 지원을 한다. 회사가 원하는 직원과 지원자가 원하는 조건이 서로 맞아야 인연이 생겨난다. 나는 그런 뜻에서 우리 회사에서 일하는 직원들을 볼 때 귀한 인연으로 맺어졌다고 생각한다. 회사뿐 아니라 학교도 마찬가지이다. 내가 입학할 시기에 그 학교에서 한 반에 배정받은 친구들을 생각해보면 우연한 일이 아닌 것 같다는 생각이 든다.

인연은 나무를 키우는 것과도 같다. 처음에는 우연처럼 만난 관계라도 관심을 두고 정성을 다하면 소중한 인연이 된다. 아무리 좋은 씨나 묘목이 있더라도 제대로 보살피고 관리하지 않으면 다음 단계로 성장하기가 어렵다. 좋은 나무가 세월이 지날수록 키가 크고 잎이 무성해지는 것처럼 정성을 들인 관계는 언제든 열매를 맺을 수 있는 것이다.

3. 참 인연과 거짓 인연

어느 해 봄에 씨앗을 심는 사람을 본 적이 있다. 그는 씨가 들어갈 만큼 작은 구멍을 뚫은 뒤 그 속에 두세 개씩 씨앗을 넣었다. 왜 한 개씩 넣지 않고 몇 개를 넣느냐고 물었더니 "싹이 나올 때가 되면 서로 깨워줘야 하거든요"라고 대답했다. 말인즉, 씨앗 몇 개를 같이 심어야 서로 자극을 받아 함께 싹이 나고 자란다는 것이었다. 옆에서 기지개를 켜며 흙을 밀어 올리는 싹이 있고, 그 안으로 공기와 햇빛이 들어오고 바람이 들락거리면 다른 씨도 눈을 뜨게 되는 것이다. 그런데 한 알만 땅속에 묻어놓으면 주위에서 무슨 일이 일어나는지 알 수가 없어 계속 잠을 자다가 싹 틔울 시기를 놓친다는 뜻이었다.

나는 그 말을 듣고 이거야말로 참 인연을 말하는 것이 아닌가 싶어 무릎을 쳤다. 좋은 인연은 서로를 성장하게 하고 발전시킨다. 내 곁에 있는 사람이 좋은 본을 보이면 나도 자극을 받는다. 그 사람이 책을 읽고 있으면 어떤 내용인지 궁금해진다.

적절한 관계를 맺지 못하는 사람은 땅속에 혼자 떨어져 있는 씨앗과도 같다. 세상이 어떻게 변하고 있는지, 내가 있는 곳이 전부가 아닌

지도 알 수가 없다. 자신이 해야 할 일이 무엇인지, 밖으로 나가야 하는지 그냥 있어야 하는지도 모른다. 자폐적으로 혼자 갇혀 있다가 더 성장하지 못하고, 혹 밖으로 싹을 내도 시기가 맞지 않아 풍성한 열매를 거두기가 어렵다. 좋은 인연을 만나는 것만큼 행복하고 만족스러운 경험도 드물 것이다.

그러므로 한번 만들어진 인연을 잘 간직하려면 지속해서 정성을 들여야 한다. 내가 먼저 상대방에게 좋은 인연이 되고자 노력해야 한다. 인연의 기본 조건은 신뢰를 만들어가는 과정에서 시작된다. 나는 나와 인연이 된 사람을 볼 때 '저 사람은 믿을 수 있다'는 생각으로 대하려고 노력한다. 그렇게 하는 것이 처음에는 노력일 수 있지만 시간이 지나면서 상대방 또한 내 마음처럼 나를 신뢰한다는 것을 알게 된다.

추사 김정희 선생의 글귀에 '세한연후지송백지후조(歲寒然後知松柏之後凋)'라는 말이 있다. '추운 겨울이 되어서야 소나무, 측백나무가 뒤늦게 시듦을 아는구나'라는 뜻이다. 김정호 선생이 유배 가서 쓴 것인데 어려움 속에서도 변하지 않는 관계를 상징하는 것이다.

사람 관계도 마찬가지라서 평안하고 넉넉할 때는 그 사람이 어떤지 잘 모른다. 좋은 말과 성의 있는 행동이 이어지고 편안한 웃음이 입가에 맴돈다. 하지만 상대방이 어려움에 빠지고 난관에 봉착했을 때 진정한 관계가 드러난다. 소인은 궁하면 비겁해진다. 계산속이 빨라지고 혹여 안 좋은 영향을 받을까 싶어 거리를 둔다. 내가 어려움에 처했을 때 주위에 누가 있을지 생각해보았는가. 최악의 상황에도 묵묵히 곁에 있어주는 그 사람이야말로 참 인연일 것이다.

그러나 아무리 좋은 인연도 언제까지나 지속되지 않을 수 있다. 이민을 가거나 이사를 하는 물리적 거리도 있지만, 이런저런 일이 얽혀서 인연이 더는 이어지지 못하는 경우도 있다. 그래서 만나는 것보다 어떻게 헤어지느냐가 더 중요하다. 만남은 인연에 따라 우연히 시작될 수 있지만 헤어질 때는 사람의 판단과 생각, 감정이 들어간다.

이별을 하더라도 뒤돌아서서 욕하고 침 뱉고 다시는 안 볼 것처럼 해서는 안 된다. 끝나는 관계이기는 하지만 어쩔 수 없음을 이해해주고 아쉬워하는 관계가 되어야 한다. 누군가 그 사람에 대해 물었을 때 혹 마음에 걸리는 것이 있더라도 장점을 먼저 떠올리며 "참 좋은 친구지" 라고 얘기해줄 수 있다면 성공적인 인연이라고 해도 될 것이다. 나는 그런 인연을 중요하게 생각하며, 나 역시 아름다운 뒷모습을 보일 수 있기를 바란다.

4. 사람을 얻는 지혜

1) 약속을 지킨다

나는 어떤 사람을 만나든지 거짓된 말을 하지 않는다. 내가 먼저 신뢰할 수 있는 사람이 되어야 한다. 지키지 못할 약속은 처음부터 하지 않는다. 어린아이와 한 약속도 잊지 않고 지키고, 지나가며 "밥 한번 먹지"라고 말했으면 구체적인 날짜와 시간을 잡는다. 2019년 창립 50주년을 맞은 부국티엔씨(주)에는 오래 근무한 직원이 많다. 40년이 넘은 경우도 있고 30년, 20년, 10년 넘게 근무하는 경우는 수두룩하다. 18년 된 펌텍코리아에도 장기근속자가 많다. 장기근속자가 많다는 것이 그동안 회사가 쌓아온 신뢰도를 보여주는 상징이 아닌가 생각한다.

나는 또 매사에 진실하게 말하고 행동하려고 노력한다. 진실하게 말하고 행동하는 것은 정직과 비슷하지만 조금 차이점이 있다. 정직이 사실 그대로를 얘기하는 것이라면 진실은 행동에 초점이 맞춰진 것이다. 정직한 사람도 곤란한 상황은 피해 가고 싶다. 상대방과 사이에 생기는 긴장감이 부담스럽고 두렵기 때문이다. 그러므로 진실하려면 곤란한 상황이 되더라도 솔직하게 털어놓고 해결하려는 의지가 필요하다.

진실한 것이 꼭 좋은 것만은 아니라서 어떤 때는 상대방이 딱딱하게 느끼기도 하고 관계가 어색해지기도 한다. 하지만 진실 자체가 지닌 힘이 있기에 시간이 지나면 훨씬 더 탄탄하고 믿음직한 관계가 형성된다. 진실은 쓸데없이 많은 것을 포장하지 않기 때문에 시간과 노력을 줄일 수 있다.

진실하게 대하다 보면 상대를 이용할 수가 없다. 정도가 아닌 술수나 꼼수를 쓸 수도 없다. 반드시 정도에 따라 얘기하고 중심이 반듯하면 관계에서도 안정감과 질서가 생긴다. 이처럼 신뢰가 쌓였을 때 서로에게 진정한 도움을 줄 수 있다. 그런 관계가 형성되면 어떤 경우에도 상대방의 의도를 좋게 생각하게 되고 어려운 일이나 중요한 일이 있을 때도 솔직하게 터놓고 의논할 수 있다.

2) 상대방에게 집중한다

친밀한 관계를 만들어가는 좋은 방법은 상대방에게 집중하는 것이다. 사람은 누구나 자신을 알아주기를 바란다. 관심사를 궁금해하고 취미가 무엇인지 알아봐주고 개성을 인정해줄 때 좋은 감정이 생기게 되어 있다. 내가 아닌 상대방에게 초점이 가 있을 때 관계가 부드러워진다. 서로 충분히 이해받고 소통이 되었다면 호감이 생기게 된다. 나는 사람들하고 얘기를 할 때 적극적으로 소통하고자 노력한다. 탈무드에 이런 말이 나온다. "인간은 입이 하나, 귀가 둘이 있다. 이는 말하기보다 듣기를 두 배 더 하라는 뜻이다."

하지만 소통하는 방법은 다양할 수 있어야 한다고 생각한다. 경험이 많은 사람은 자신이 갖고 있는 노하우나 지혜를 잘 전달해줄 수 있어야 한다. 경영자로서 소통은 일상적인 것과는 다른 측면이 있다. 부하라도 자유롭게 의사를 표현할 수 있는 장을 열어주는 동시에 의문이 들거나 위험한 생각일 때는 근거를 들어 설득해서라도 좀 더 좋은 방향으로 나아갈 수 있도록 해줘야 한다. 때로 경영자에게 침묵은 금이 아니라 독이 될 수도 있다.

3) 실수를 인정한다

신뢰를 쌓는 것을 원칙으로 해도 잘 안 되는 경우가 있다. 일을 하다 보면 구매자가 원하는 제품을 납기에 맞춰 제공해야 한다. 하지만 우리 회사에서 생산하는 제품이 다품업이고 시장생산처럼 다량으로 미리 생산해서 쌓아놓는 게 아니기 때문에 힘들 때도 있다. 시장생산에서는 시장에 물건이 떨어지면 바로 제작해서 하루 이틀 늦게 내면 해결된다. 우리 회사는 국내외 메이저급 화장품 업체를 비롯하여 여러 업체와 거래하다 보니 일정에 차질이 생기는 경우가 어쩌다 생긴다. 주문 방식도 많이 바뀌어 예전에 한 달 단위로 주문을 받던 것이 근래는 1주 단위로 진행되곤 한다. 각 회사마다 재고 관리나 변동성 때문에 발주 단위가 짧아진 것이다.

요즘은 내가 직접 현장에 나서지 않지만 예전에는 직접 영업을 했다. 그때 만난 영업 담당자가 오너인 나를 믿고 주문량을 말하면 일단 할 수 있다고 대답하게 된다. 그러고 나서 회사에 들어와서 사정을 보면 생산 일정을 맞추지 못할 경우가 생기곤 했다. 그렇게 되면 약속한 납품 날짜를 못 맞추어 내 원칙을 지킬 수 없게 되는 것이다. 그럴 때도 최선을 다해 현장에 있으면서 일정을 맞추도록 노력하지만, 그런 특별한 상황 외에 약속을 지키지 않는 경우는 거의 없다. 그럴 때면 주문받은 업체와 협력업체에 솔직하게 얘기하고 양해를 구한다.

그렇기 때문에 구매자와 오랫동안 거래가 이어졌고 동화약품 외 다수의 기업과 40~50년간 거래를 지속할 수 있었다. 이렇게 이어질 수 있었던 이유는 제품의 품질과 납기를 신뢰할 수 있도록 노력했기 때문이다. 또 시간을 조금 늦추더라도 품질에 대한 약속을 잘 지켜주면 다음 주문으로 연결되게 마련이다.

나는 영업할 때도 평소에 직원들하고 유대관계를 잘 맺어놓곤 했다. 납품업체라서가 아니라 사람에 대한 관심과 호의로 만나는 것이다. 직원에게 경조사가 있을 때는 언제인지 미리 알아두었다가 챙기고, 힘든 일이 있을 때는 위로와 최선의 조언을 해주곤 했다. 평소의 관계가 부드럽고 편안하면 영업할 때도 이야기가 쉽게 풀리고, 까다로운 일도 쉽게 해결된다.

일 때문에 인연이 되었지만 영업 현장을 떠난 지금도 친하게 지내는 사람들이 있다. 오랜 시간 쌓여온 신뢰로 인연이 된 것이다.

5. 인사관리의 핵심

2003년 6월 A그룹 회장은 자신이 주창한 '천재경영론'에서 "천재 한 사람이 수만 명을 먹여 살린다"고 했다. 그가 천재 모델로 삼은 사람은 빌 게이츠였으며, 21세기가 머리로 싸우는 두뇌 전쟁 시대임을 선포했다. 이 주장에 대한 반박도 만만치 않아 B그룹 회장은, "천재 한두 명보다는 유능한 리더인 CEO를 육성하는 것이 중요하다"고 말했고, "천재 한 명보다 다수 구성원의 역량이 더 중요하다"는 주장도 있었다.

내 의견도 두 번째에 가깝다. 「손자병법」을 보면 일류공수군(一流攻守群), 즉 '최고의 자리에 앉은 사람은 공수의 균형을 취하며, 무리를 지어 싸워야 한다'는 말이 있다. 무리지어 있는 사람이나 동물을 보면 튀는 사람도, 특별히 뛰어난 사람도 없어 보인다. 하지만 그 안에는 각자가 수행하는 역할이 있고, 서로를 돕고 부추김으로써 향상되는 부분이 있음을 알 수 있다.

에디슨을 예로 들어보자. 그는 자신의 실력을 기반으로 '에디슨제너럴일렉트릭'이라는 회사를 경영했다. 하지만 기술에 대한 그만의 고집, 외통수적인 사고방식과 마케팅 능력 부족으로 어려움에 처했다. 기술적으로 뛰어날 수 있겠지만 경영자로서 시각과 포용력이 부족했기 때문에 회사는 좀처럼 발전할 수가 없었다. 결국 에디슨제너럴일렉트릭은 실패했고 모건에 넘어가 '제너럴일렉트릭'이 탄생하는 결과를 낳았다.

기업을 경영하는 사람들은 누구나 우수한 인재를 찾는다. 하지만 인재라고 할 만한 사람들이 원하는 초일류 기업은 한정되어 있고, 그나마 쓸 만한 직원들은 다른 부서에서 차출해 가기가 일쑤이다. 공단 지역에 있는 CEO들의 고민을 들어봐도 그렇다. 아무리 혁신을 부르짖고 교육을 해봐도 현장까지 스며들지 않고, 좋은 아이디어를 맡기고 싶어도 실천할 수 있는 인재가 없다고 한다. 문제 있는 직원을 개선시키려고 노력해도 여간해서는 바뀌지 않는다고 고민한다.

현실적으로 대부분의 경영자가 만나는 직원들은 평범하고 역량이 부족해 보일 수 있을지 모른다. 하지만 내 생각은 다르다. 완벽한 사람이 없듯이 조직 역시 완벽할 수 없다. 다만 각자가 지닌 우월한 자질과 장점을 최대한으로 끌어내어 놀라운 성과를 낼 수 있는 것이다. 조직 전체로 보자면 천재라고 할 만한 직원이 입사했을 때 장기적으로 좋은 결과를 얻을 수 있을지 우려되는 면도 있다. 천재가 이루어내는 성과가 일반 직원의 열 배가 넘는다고 한다면, 회사 측에서는 굉장한 매력을 느낄 것이며 당연히 우대할 수밖에 없을 것이다.

하지만 그의 독주가 얼마나 지속될지 생각해봐야 한다. 운 좋게 그가 지속적으로 성과를 올리는 것도 바람직한 일만은 아니다. 왜냐하면 그를 인정하고 기대하는 분위기가 지속된다면 다른 직원들은 상대적으로 박탈감과 무력감을 느낄 것이기 때문이다. 그 사람이 독주할 동안 다른 직원의 자질과 자원이 퇴보하고 소외된다면 조직으로서는 보이지 않는 손해를 입을 수밖에 없다. 그 상태에서 천재 직원이 다른 회사로 스카우트되어 가거나 퇴사한다면 그다음은 어떻게 될지 상상만 해도 위험하다. 그러므로 평범해 보이는 직원들의 강점을 키우고 시너지 효과를 통해 비범한 인물로 만드는 과정이 진정한 인재관리라고 생각한다.

지금까지 일하면서 만난 직원들 중에는 평범하지만 인재로 성장한 사람이 있고, 기대가 컸던 데 비해 실적이 미미한 경우도 있었다. 그중에는 성향이나 성품도 많은 비중을 차지했는데, 그 특징을 보면 다음 세 가지로 나눌 수 있다.

1) 긍정적인 직원

나를 아는 사람들이 나에 대해 진취적이며 긍정적이며 창의적인 성격이라는 말을 가장 많이 한다. 실제로 그런 부분이 많다고 생각한다. 내가 처한 상황을 바꾸려 하거나 불만을 품기보다는 그 안에서 장점을 찾는 훈련이 되어 있기 때문이다.

나는 어릴 때 그림에 소질이 있어 화가를 꿈꾸었고, 그다음에는 의사를, 이후로는 가르치는 일이 잘 맞는다고 생각하여 선생님으로 진로를 생각했지만 어쩌다 보니 사업가가 되었다. 그런데 사업을 해보니 이것도 재미가 있고 해볼 만하다는 생각이 들었다. 이렇게 생각할 수 있었던 이유는 바로 새로운 것에 도전하고 배우기를 즐기는 호기심과 진취적 성향 덕분이라고 생각한다.

사업을 하면서 '사업' 안에 내가 하고 싶은 모든 것이 통합되어 있다는 것을 느꼈다. 미적 감각과 소질이 있어야 하고, 때로는 사람의 마음과 고통을 헤아릴 줄 아는 의사의 정신이 있어야 하며, 일에 필요한 것을 가르치는 면에서는 선생님의 자질이 필요하다. 때로 설득과 깨우침으로 직원이 성장할 수 있는 길잡이가 되어줘야 하는 면에서는 리더로서 역할도 필요하다.

우리 회사에는 내가 좋아하는 친구가 몇 명 있다. 펌텍코리아에도 있고 부국티엔씨(주)에도 있다. 그들을 친구라고 하는 이유는 긍정적인 성격으로 '일단' 시도해보려 하는 것이 나와 비슷하고 실제로 많은 성과를 내곤 하기 때문이다. 생산부장을 맡고 있는 친구인데, 내가 아이디어가 생각나서 "이렇게 해보면 어떻겠나?" 하고 얘기하면, "예. 한번 해보죠"라고 대답한다. 자동화로 생산하다 보니 새로운 아이디어를 시도하는 일은 모두 처음 하게 되는 것이다. 때로 좀 무리가 된다 싶어도 성공해보자는 마음이 크니까 여러 가지의 경우를 생각하고 아이디어를 많이 내게 되는 것이다.

"한번 상의해보죠." 이렇게 얘기하고는 다양한 시도를 해보고 자료를 찾고 이전 사례를 적용하고자 애쓴다. 다른 업종도 그렇겠지만 제조업은 긍정적인 마인드가 꼭 필요한 사업이다. 긍정적이고 창의적인 사람, 새로운 시도를 하는 것을 즐기는 사람이 회사에 꼭 있어야 한다. 놀라운 사실은 건강하고 긍정적인 사고를 지닌 사람이 단연 성과가 높다는 것이다. 혹 원하는 결과와 꼭 맞지는 않더라도 시도하면서 발전하는 부분이 있다. 내가 회사 직원들 중 그들을 예뻐하는 이유는 성과가 있기 때문만은 아니다. 열심히 하려고 하는 것 자체가 사랑스럽고 고마운 것이다.

2) 부정적인 직원

같은 일을 부탁했을 때 부정적인 직원의 반응은 대부분 비슷하다. "아, 그거 어려울 텐데요", "그렇게 바꿔도 특별히 달라질 것도 없을 것 같습니다", "지금 하는 일이 바빠서 따로 시간을 내기가 어려운데요." 사사건건 그렇게 반응하는 직원이 있으면 경영자의 입장에서는 솔직한 심정으로 나가줬으면 하는 생각이 들기도 한다. 하지만 그렇게 해서는 경영을 할 수 없다. 따로 불러 상담을 하더라도 그 직원이 갖고 있는 불만을 알아보고 해결할 수 있도록 도움을 줘야 한다.

그런데도 결국 회사를 나가는 사람은 어쩔 수 없다. 퇴사한 다음 새로 잡은 직장에서 잘되는 경우도 있지만 얼마 지나지 않아 다른 회사에서도 적응하지 못한다는 소식이 들려올 때가 있다. 나는 우리 회사에 그 직원이 할 일이 있다면 설득해서 다시 데리고 오는 편이다. 다른 직원들은 안 된다고 하지만 다시 오게 된 경우 한층 더 열심히 일하는 모습을 보일 때가 많다.

부정적인 사고를 갖고 있는 직원 못지않게 분위기를 흐리는 직원은 부정적인 말을 하는 경우이다. 말은 전파력이 엄청나다. 안 좋은 말을 옮기는 직원의 문제는 열심히 일하려는 사람들의 의욕까지 떨어뜨리는 데 있다. 기업은 각각의 철학과 문화를 갖고 있다. 개인적으로 마음에 들지 않더라고 조직이라는 테두리에서는 공익을 위해 지켜가는 것이 바람직하다.

어떤 직원은 회사가 얼마만큼 성장하고 이익을 올리느냐에 별 관심이 없기도 하다. 자신의 지위와 안정된 급여, 복지가 얼마나 더 나아질 수 있을까 정도가 생각의 한계일 수도 있다. 내가 매년 말에 성과급을 지급하는 이유도 회사를 이끌어가는 구성원으로서 인정해주고 그에 맞게 보답하고자 하기 때문이다.

부정적인 사고를 갖고 있는 직원이 마음에 들지 않는다고 모두들 '예스맨'이 되었으면 하는 바람이 있는 것은 아니다. 왜냐하면 불만 자체가 나쁘다고 보지 않기 때문이다. 지금까지 개혁을 이루어온 사례 중에는 누군가의 불만 혹은 의문, 질문이 시초가 된 경우가 많았다.

예를 들어 불만이라는 말을 '새로운 시각'으로 바꾸어보면 그 의미가 달라지는 것을 느낄 수 있다. 불만이 새로운 가치를 얻으려면 표현하는 방법이 건강해야 한다. 가장 좋은 방법은 상사나 사장에게 직접 건의하는 것이다. 쉽지 않겠지만 회사의 성장에 도움이 되고자 하는 생각으로 하는 말은 그 뜻이 충분히 전달되게 되어 있다.

회사의 방침을 무조건 따른다고 해서 좋은 결과가 나온다고 볼 수는 없을 것이다. 어떤 직원은 회사의 안위가 걱정되고 문제가 보여 불만을 얘기할 수도 있을 것이다. 회사는 누군가 문제를 공식적으로 제기했을 때, 그 상황을 냉정하게 바라볼 줄 알아야 한다. 그러지 않고 공공연히 뒤에서 수군대거나, 대안이나 의견 제시도 없이 험담을 하고 다닌다면 결국 회사에 보이지 않는 손실을 끼치게 될 것이다.

나는 퇴근한 후에는 되도록 회사 얘기를 하지 않도록 권장한다. 말의 속성상 결국은 불만이나 흠집을 내는 방향으로 가기 십상이기 때문이다. 회사는 본질적으로 한 가지 목표를 중심으로 힘을 합하게 되어 있으며, 강력하게 밀어붙여야 할 때도 있다. 그것을 개인적인 성향이나 성격에 비추어 판단하다 보면 불만이 나올 수 있는 것이다. 거대한 둑이 무너지는 것도 결국은 작은 구멍, 금 간 자리에서 시작된다.

3) 일 잘하는 직원

직원을 뽑을 때 성품이 긍정적이고 밝고 명랑한 사람이 일하기에 편할 것이라고 생각한다. 하지만 업무에서는 그것이 다가 아닐 가능성이 높다. 기업의 본질은 '이익창출'이다. 사회적인 봉사나 가치 부여도 이익이 우선되어야 실행할 수 있다. 그런 면에서 직원을 선택할 때 인성과 능력이 균형을 이룬 사람을 기대할 수밖에 없다.

일반적으로 볼 때 성질이 깐깐하고 빡빡한 직원들이 일을 잘한다. 그런 친구들은 누가 뭐라고 하기 전에 자기 기준이 높아서 완벽하게 마무리하고자 하는 욕심이 크다. 입사 후 같은 교육을 받고 같은 시간에 현장에 투입해도 배우는 속도가 다르다. 어떤 면에서는 고지식해 보이고 까탈스러울 수 있지만 일은 잘한다.

반면 성격이 무르고 순한 친구들, 꾸중을 들어도 뒤돌아서면 잊어버리는 성격은 여간해서는 발전이 되질 않는다. 결국 일을 못하는 축에 속하게 된다. 인간적으로는 좋을지 모르지만 회사에 도움이 되지 않는다. 이는 많은 사람을 겪어오면서 나름대로 확실하게 결론을 내린 부분이다.

경영자 입장에서는 지나치게 빡빡한 직원도, 물러터진 직원도 다 데리고 있어야 한다. 그래서 매사가 만만치 않고 쉽게 넘어갈 수 있는 일은 더더구나 없다. 하지만 내가 필요해서 채용했으니 직접 발 벗고 나서서 내 사람으로 만들어야 한다. 그러자면 사람이 아무리 부족해 보여도 그 안에 강점이 있다는 것을 믿어야 한다.

단점을 바꾸려고 애쓰고 지적하기보다는 강점을 강화하고 칭찬하여 좋은 결과를 얻어내는 것에 경영자로서 자질과 노하우, 인내와 기술까지 다 들어 있다. 그러므로 내 욕심과 기준을 내려놓고, 직원의 인성을 인정하되 목표에 기여할 수 있는 강점을 찾는 데 주력하는 것이 장기적으로 좋은 성과를 낼 수 있는 방법이 될 것이다.

PART

화장의 역사

PART 6

1. 미의 의미

'아름다운'이라는 말은 사람들이 좋아하는 무언가를 가리킬 때 주로 쓰인다. 이 경우에 아름다운 것은 선하다는 뜻과 거의 같아 보이는데, 사실 수 세기 동안 미와 선은 밀접하게 연관되어 있었다. 아름다움에 대한 욕구는 이성마저도 마비시키는 경향이 있다. 우리나라의 경우도 범죄자가 단지 아름답다는 이유로 이해할 수 없는 호의와 반응을 받은 사건이 있었다.

2004년 경찰청 사이트에 특수강도혐의로 5,000만 원 현상금이 걸린 지명수배 전단이 공개됐다. 당시 20대 초반이었던 이 모 씨의 사진을 본 네티즌들의 반응은 기타 범죄자를 본 경우와 매우 달랐다. 수배지에서부터 '미인형'이라 소개된 이 씨의 뚜렷한 이목구비가 돋보이는 증명사진이 보는 이들의 눈길을 끌었던 것이다.

한 네티즌은 이 씨의 미모를 내세워 '강도얼짱'이라는 팬카페까지 개설했다. 회원 수도 3만 명이 넘었고, 이 씨는 강도를 일으킨 범죄자보다 얼짱으로 더 인기를 끌게 됐다. 네티즌들은 "당신은 잘못이 없습니다. 저희가 도와드릴게요", "숨겨주고 싶다", "저렇게 예쁜 여성이 강도일 리 없다" 등의 반응을 보이며 이 씨의 도피생활을 응원할 정도였다.

그렇다면 아름다움이란 무엇일까. 단지 보기 좋고 호감이 간다는 이유만으로 그토록 사람들이 환호하는 것일까. 사실 그 안에는 인류의 진화 역사 속에서 정신적 유전처럼 전달되어온 감정이 있다는 것을 유추할 수 있는 연구 결과가 있다.

1980년대 말, 텍사스대학의 주디스 랭뢰스는 남녀 서른두 명의 얼굴을 촬영한 후 컴퓨터로 합성사진을 만들었다. 그 결과, 뛰어난 미인 한 사람보다 여러 명의 사진을 합성한 얼굴이 더 아름답게 보인다는 것을 알게 되었다. 즉, 평균적인 비율과 형태일수록 더 예뻐 보인다는 것이었다.

많은 얼굴이 겹쳐질수록 평균 혹은 좌우 균형이 맞춰지기 때문이었다. 생물학적으로 보았을 때 얼굴과 몸의 균형이 잡혀 있을 경우 좋은 유전자를 지녔다는 의미임을 본능적으로 안다. 세계적인 진화심리학자인 데이비드 버스(David M. Buss)는 「진화심리학」에서 여성들은 비대칭적인 얼굴을 지닌 남자보다 대칭적인 얼굴을 가진 남자에게 더 성적 매력을 느낀다고 말한다. 동물 세계에서도 몸에 균형이 잡혀 있는 개체들이 짝으로 선택된다는 것은 잘 알려진 사실이다.

실험 결과로 보았을 때 앞의 사례에서 범죄자인데도 비상식적인 반응을 보인 사람들의 심리를 유추할 수 있다. 저렇게 아름다운 여자가 나쁜 짓을 저질렀을 리가 없다는 말도 아름다움에 대한 비논리적인 가치관을 보여주는 사례라고 할 것이다. 쉽게 말해 아름다움이 무기이자 전략일 수 있다는 씁쓸한 경우이기도 하다.

화장의 기능 중에는 부족한 부분을 보완하고 장점을 더욱 강화하는 면이 있다. 이는 균형을 맞추는 과정이기도 하다. 눈썹을 가지런히 정돈하고 아이브로펜슬로 음영을 주고 볼과 입술에 색을 입히는 등 수정과 보완을 거쳐 얼굴의 결점이 가려지고 양쪽 균형이 잘 맞는 매력적인 얼굴이 된다. 평소 풀 메이크업을 하던 여자의 민낯을 보았을 때 "알아보지 못했다", "낯설었다" 하고 반응하는 경우가 있는데, 단지 화장을 하지 않아서가 아니라 섬세하고 기술적으로 균형을 맞추고 있었던 모습이 깨져서일 가능성이 높다.

2. 아름다움과 선(善)

어릴 때 그림책을 보면 선한 사람과 악한 사람으로 나뉘어 있고, 누가 착한 사람이고 나쁜 사람인지를 단번에 알아볼 수 있었다. 선한 사람은 환한 배경에 따뜻한 색채로 부드럽고 사랑스러운 모습으로, 악한은 어두운 배경에 검은색이거나 어딘가 일그러진 모습으로 그려져 있곤 했기 때문이다. 권선징악을 나타내는 이야기의 구조와 인물형은 더욱 확실했다.

예를 들어 콩쥐팥쥐에서 콩쥐는 너무나 착하고 예쁘며 사랑스러운 아이로 그려지고, 팥쥐는 심술이 많고 못된 데다 인물도 없는 여자로 표현된다. 신데렐라도 콩쥐팥쥐 이야기와 거의 같은 구성요소를 갖추고 있고, 주위의 도움으로 본래의 아름다움을 찾아 원님이나 왕자의 눈에 띄어 최악의 삶에서 탈출하게 된다.

이와 비슷한 이야기는 세계 곳곳에 퍼져 있다. 이탈리아의 라 체네렌톨라(La Cenerentola), 프랑스 샤를 페로의 상드리용(Cendrillon), 독일 그림 형제의 아셴푸텔(Aschenputtel), 베트남의 떰깜(Tteom and Kkam)·카종과 할록, 중국의 섭한(葉限), 러시아의 부레누슈카 등 몇백 가지에 달한다고 한다. 이처럼 다양한 지역에서 비슷한 이야기가 만들어졌다는 것은, 인간 삶에서 아름다움을 보는 공통적인 정서나 감정을 보여준다.

고전과 명작에서도 선악을 나눠보는 것은 전통적인 방법이며 「지킬 박사와 하이드」에서는 한 사람 안에 선악의 요소를 함께 나타내기도 한다. 지킬 박사는 지적이며 사회적 지위가 있고 바른 사람이다. 그는 키가 매우 컸고 인물도 잘생긴 멋진 남자였다. 반면에 하이드는 지킬 박사와 동일한 인물이 변한 것이라고 상상할 수 없을 만큼 찌그러지고 창백하고 어두운, 보기만 해도 기분이 나빠지는 사람이었다. 비슷한 예에서 알 수 있듯이 어쩌면 아름다움에 대한 인간의 의지는 우리가 생각했던 것 이상으로 오래되고 깊은 역사를 갖고 있는지 모른다.

사람들은 일상생활 속에서 '아름답다'는 말을 자주 쓴다. 좁게는 아름다운 얼굴, 아름다운 그림, 아름다운 풍경이라고 말하고, 특정한 대상에 대한 의견이나 느낌을 말하는 것처럼 보인다. 그 의미를 좀 더 넓혀서 아름다운 사랑, 아름다운 삶, 아름다운 청춘, 아름다운 죽음이라고도 말한다. 여기서 아름답다는 것은 거의 '훌륭한'이라는 말과 비슷해 보인다. 그러므로 아름답다는 말은 인간이나 사물을 넘어 최고의 상태, 심지어 정의라는 가치를 포함하고 있기도 하다. 즉, 아름다움을 소망하고 지향하는 것은 최고의 선행을 보았을 때 인간의 본능으로 아름답다고 찬양하는 것과 비슷하다. 남녀노소를 불문하고 한 대상에게 바칠 수 있는 최고의 칭찬도 '아름답다'이다.

완벽한 아름다움에 대한 인간의 희망을 나타내는 것에 다음의 이야기가 있다.

누군가가 "우리가 대체 왜 선해야 하지?"라고 물으면 그는 다음과 같이 대답할 것이다. "그것이 아름답기 때문이지."

르네상스 시대의 여성은 화장품을 이용했고 특히 머리에 신경을 써서 금색으로 머리를 물들였는데 그건 종종 붉은빛을 띠기도 했다. 여성의 육체는 금은 세공품으로 치장함으로써 완성되었는데, 이 금은 세공품 역시 조화, 비례 그리고 장식의 규범에 따라 창조된 것이었다. 르네상스는 여인들에게 진취적이고 활동적인 시기였다. 여인들은 앞서 말한 궁정생활에서 유행을 읽고 화려한 유행에 자신을 맞춰나갔지만, 자신의 정신세계를 가꾸는 것도 잊지 않아서 자유 7과목에 적극적으로 참여했으며, 수사학적, 철학적, 논리적 능력을 지니고 있었다.

「미의 역사」, 움베르트 에코, 열린 책들, 206쪽

움베르트 에코의 주장으로 보듯 실로 르네상스 시대는 장식품부터 인간, 문화, 철학에 이르기까지 아름다움이 만개한 시대이며, 아름다움이 선하다는 명제를 가장 충실히 보여준 때였다고 생각한다.

3. 자기만족으로서의 아름다움

가끔 전철을 탈 때가 있는데 자리에 앉아 화장하는 여자들을 종종 보게 된다. 콤팩트를 꺼내 화장을 살짝 고치는 정도가 아니라, 처음부터 끝까지 풀 메이크업을 하는 것이다. 그녀의 안중에 주변 사람은 보이지 않는다. 오직 자신의 얼굴에 집중하여 한 가지씩 바르고 그리고 칠하는 모습을 보면 흔들리는 차 안에서 어떻게 그렇게 집중력을 발휘할 수 있는지 내심 놀랍기도 하다.

가장 재밌는 장면은 마스카라를 바를 땐데, 눈을 위아래로 뜨고 깜빡이는 것은 물론, 눈동자까지 바쁘게 움직인다. 바야흐로 자기만의 아름다움, 포인트를 찾아내는 능력이 빛을 발하는 때인 것이다. 이처럼 다른 사람의 시선을 무시하거나 심지어 완전히 잊게 하는 것이야말로 자기만족의 절정이 아닌가 싶다. 원시시대에 자신의 모습을 인지하지 못했던 존재가 어느 날 물(혹은 거울)에 비친 인물이 자신임을 알게 되면서 자신이 그토록 아름다운 존재였던가를 알게 된 것과도 비슷하다.

이에 관한 이야기로 오비디우스의 「변신 이야기」 가운데 나르키소스의 전설이 있다.

강의 신 케피소스는 물의 님페 리리오페를 겁탈하여 나르키소스를 낳았다. 그가 16세가 되자 청년과 소녀들의 호감을 샀지만 누구의 사랑도 허락하지 않았다. 어느 날 숲의 님프 에코가 사냥하는 나르키소스의 모습을 보고 마음을 완전히 빼앗기고 말았다. 그녀는 몇 번이나 나르키소스에게 말을 걸고 싶었지만 그럴 수가 없었다. 에코의 수다를 듣다가 바람피우고 있는 제우스를 놓친 헤라의 저주로 말을 할 수 없었기 때문이다. 그 대신 에코는 누군가의 마지막 말밖에 따라 할 수 없게 되었다.

에코는 더는 참을 수 없어서 숲속에서 뛰어나와 나르키소스의 목을 힘껏 껴안는다. 나르키소스는 소스라치게 놀라며 에코의 손을 뿌리치고 "너 같은 것에 안기느니 차라리 죽는 게 낫다"고 표독하게 쏘아붙인다. 에코는 모욕감을 참지 못하고 숲속으로 도망친다. 결국 몸도 사라지고 목소리만 남게 되었다.

이처럼 그에게 무시당한 존재들은 그도 자신만큼 아프게 해달라고 하늘을 향해 기도했다. 복수의 여신 네메시스는 나르키소스에게 자신을 사랑하게 하는 벌을 주었다. 어느 날 사냥을 하다 지친 나르키소스는 맑고 깨끗한 샘물에 몸을 숙였고, 아름다운 자기 모습에 넋을 잃고 꼼짝하지 못하게 되었다. 자신과 사랑에 빠진 나르키소스는 물속에 비친 자신을 얻고자 하지만 조금만 움직여도 없어지는 형상을 보며 슬퍼하다 죽는다.

인류의 발달은 자신을 볼 수 있는 도구인 거울의 발전과정과도 닿아 있다. 동이라는 금속에 비쳐 어른거리는 자신의 모습을 발견하고 크고 작은 거울을 만들어냈으며, 그것으로도 부족해 삼면을 볼 수 있게 만들기도 했다. 테두리를 화려한 비단으로 장식하거나 비단으로 뒷면을 감싼 거울도 있다.

그중 가장 큰 혁명은 각자 거울을 들고 다닐 수 있게 된 사건이 아닐까. 여자들이 갖고 다니는 콤팩트를 보자. 네모나 동그라미 모양이지만 확실한 것은 자신의 얼굴을 최대한으로 당겨 볼 수 있는 형태로 되어 있다는 점이다. 화장하는 여자들의 얼굴은 그 어느 때보다 진지하고 무엇을 할 때보다도 몰입되어 있다. 그런 면에서 보면 화장하는 여자들은 거의 나르시시즘적인 상태에 있다고 하겠다. 화장품을 담은 케이스가 아름다울수록 나르시시즘은 한층 더 강화되고 차별화되며 그 자체가 하나의 힘을 갖게 된다. 현대인도 인류의 유전인 나르키소스의 성향을 지녔다고 볼 수 있다.

4. 화장의 역사

1) 인류의 화장

화장품을 사용한 최초의 고고학적 증거는 기원전 3500년경의 고대 이집트에서 발견된다. 고대 그리스와 고대 로마 때도 화장품을 사용했다. 고대 로마와 고대 이집트에서는 독성이 있는 수은이나 납이 포함된 화장품을 사용했다. 남자도 화장을 했는데, 종교나 전투 의식의 일부로서 얼굴이나 몸을 장식하고 몸에 향료를 뿌리고 머리를 염색하기도 했다. 이집트에서는 미용실과 향료 제조 공장이 번성했고 메이크업 기술도 널리 퍼졌다고 한다.

여자뿐만 아니라 남자들도 화장을 좋아해서 죽으면 저승에서 쓰기 위한 화장품을 무덤에 다량 넣어주기도 했다. 투탕카멘의 묘지에서도 화장품이 든 작은 항아리가 발견되었다. 화장의 역사가 긴 고대 이집트에서는 특히 눈 화장을 강조했다. 눈을 강조함으로써 상대방에게는 위협감을 주고, 본인은 자신감을 갖는 동기가 되었을 것이다.

'eye'에는 눈, 눈매라는 뜻에서 발전한 시력, 시각이라는 뜻이 있다. 눈은 상징적인 의미도 품고 있어 한 가지 일을 보더라도 어떤 시점으로 파악하느냐 등 중요성이 강조되고 있다. 우리나라도 '몸이 천 냥이면 눈이 구백 냥'이라는 속담이 있는 걸 보면 왜 그렇게 눈 화장을 강조하는지 알 수 있을 것이다. 현대도 색조화장 가운데서 눈 화장은 가장 강조되는 부분이다. 화장품 종류, 화장 기법, 색조까지 대부분을 차지한다고 할 정도이다.

화장에도 유행과 부침이 있어 중세의 억압적인 분위기 속에서 특히 교회 장로들에게 환영받지 못했다. 하지만 많은 여성이 여전히 화장품을 사용했다. 중세 여성들에게는 피부 빛을 창백하게 하는 것이 유행이었고, 이를 위해 납, 분필, 밀가루 등을 바르거나 피를 뽑기도 했다.

2) 화장의 암흑기

이후에도 화장품 사용은 서양 역사에서 그리 환영받지 못했다. 19세기에 메이크업은 주로 매춘부가 사용했고, 빅토리아 여왕은 공개적으로 메이크업을 부적절하고 저속하며 배우들에게나 용인할 수 있다고 선언한 적도 있다.

19세기 여성들은 약한 숙녀로 보이기를 선호했다. 이들은 자신을 연약한 꽃에 비유했고, 섬세함과 여성성을 강조했다. 이들은 창백하게 보이려 했고, 종종 약간의 연지를 볼에 사용했으며, 눈을 확장시켜 돋보이게 하려고 벨라도나를 사용했다. 1870년대에는 사교의 에티켓이 더 엄격해지면서 특히 메이크업이 일반적으로 환영받지 못했다. 어쨌거나 배우들에게는 메이크업이 허용되었으며, 사라 베르나르나 릴리 랭트리와 같은 잘 알려진 미인들은 파우더를 바를 수 있었다. 화장품에 사용되는 대부분 재료는 여전히 화학적으로 의심스러웠다. 20세기 중반에 들어서야 전 세계 대부분 산업 사회의 여성들이 화장품을 사용하게 되었다.

뷰티 산업은 아름다워지고자 하는 인류의 근원적인 욕망을 실현시켜주는 바, 화장품산업은 그중에서도 핵심적인 산업이다. 사회문화적 측면에서 보면 자기만족을 높여주는 훌륭한 역할을 하며, 경제적으로는 고부가가치산업이자 친환경산업으로서 국가의 전략산업으로 높은 성장잠재력을 지니고 있다.

3) 우리나라 화장품의 역사

우리나라 고대 유적지에서는 장신구와 청동거울이 발견되었고, 5~6세기경 고분벽화를 보면 연지화장이 보편화되었음을 알 수 있다. 신라시대에는 얼굴을 하얗게 보이게 하고 잔주름과 얼굴의 결점을 감출 목적으로 백분이 사용되었다. 백분의 재료는 쌀가루였는데, 옛날부터 흰색 피부를 귀하게 생각했다는 것을 알 수 있다. 연지도 크게 대중화되어 젊음과 건강한 모습을 나타내기 위해 입술과 볼, 이마에 붉은 색깔의 연지를 발랐다. 연지의 재료는 홍화와 돼지기름을 혼합한 것이었고, 백분을 발라 피부를 희게 보이게 함으로써 아름다움을 더욱 강조했을 것이다.

고려시대 여성들은 화장하는 것을 그리 좋아하지 않아 백분만 사용하고 연지는 쓰지 않았다. 대신 버드나무 잎같이 가늘게 눈썹을 그리고 향낭을 차고 다녔다. 이때부터 조선시대 전에는 궁중요법과 민간요법으로 화장법을 교육했고, 분꽃 씨앗 가루, 녹두, 쌀, 쌀뜨물 등을 사용해 피부를 깨끗하고 돋보이게 했다.

조선시대에는 상류층과 기생들을 중심으로 백분, 연지, 화장수와 같은 화장품과 향낭이 쓰이기 시작했다. 초기에는 중국의 사신들을 통해 화장품이 들어왔는데, 조선 중기에는 일반 백성에게도 널리 퍼져 백분, 연지 등을 팔러 다니는 사람이 있을 정도였다. 구한말이 되면서 갑오개혁에 따라 급격히 개화기를 맞았고 특수 계층의 여성들만 쓰던 것으로 인식되던 화장품이 보편화되었다.

이때 일본에서 '화장'과 '화장품'이라는 미용 용어가 들어왔다. '화장'의 사전적인 뜻은 '화장품을 바르거나 문질러 얼굴을 곱게 꾸미는 것'인데, 그때만 해도 우리나라는 '단장'이라는 말을 썼다. 단장은 '가식, 즉 거짓 꾸밈'이라는 뜻이 들어가 있어 화장에 대한 부정적인 이미지가 있었다.

1916년에는 우리나라 최초의 근대적 화장품이라 볼 수 있는 '박가분'이라는 백분이 상품명으로 등장하여 상당한 인기를 누렸다. 하지만 박가분은 분이 피부에 잘 부착하도록 첨가한 납 성분의 치명적인 독성으로 문제가 되면서 인기가 곧 수그러들었다. 예전에 화장을 많이 하는 사람들이 말하는 '화장독'이란 말도 이때 생겨났다.

1930년 이후에는 재료에 납을 사용하지 않은 '서가분'과 '서울분'이 나왔는데 크게 인기를 끌지 못했다. 럭키에서 크림, 일명 '구리무'가 등장해서 방물장수에 의해 팔려나갔다. 방물장수가 북을 치면서 가가호호 방문해 판매하여 '동동구리무'라는 별칭이 붙기도 했다.

1945년 해방이 되면서 화장품에도 큰 변화와 발전이 있었다. 특히 피부 자체의 아름다움과 건강에 신경을 써서 콜드크림, 바니싱크림, 백분 등이 나왔다. 콜드크림은 일명 '만능 크림'으로 불리기도 했는데 화장을 지울 때, 밑 화장용 또는 마사지용으로 폭넓게 사용되었다. 바니싱크림은 콜드크림과 달리 유분이 적게 함유되어 피부에 바를 때 우윳빛 크림 상태가 즉시 사라지는 것 같은 현상을 나타낸다고 해서 바니싱크림이라는 별명이 붙었다. 얼굴, 목, 손, 팔 등 광범위한 신체 부위에 사용된 영양크림이었다. 남녀 공히 모발에 관심을 갖고 있기 때문에 헤어스타일을 만들 수 있는 머릿기름, 포마드, 콜드파마약, 헤어토닉 상품도 나왔다. 콜드크림, 바니싱크림과 함께 1960년대까지 폭발적인 인기를 끌었다.

1960년대에는 우리나라 화장품산업이 본격적으로 발전하는 시기였다. 1960년대 초에는 에이비씨 파우더가 생산되었고, 방문판매 방식이 도입되면서 가정에서 쉽게 화장품을 구입할 수 있었다. 경제적인 성장과 더불어 화장품 소비도 급격히 증가하여 세트를 갖춰놓고 쓰는 사람도 많았다. 당시 화장품 원료는 백분, 콜드크림, 바니싱크림, 유액(로션), 화장수, 립스틱, 아스트린젠트, 마스카라, 오데 코롱, 파운데이션, 네일 에나멜, 포마드, 콜드파마약, 염모제 등으로 다양화되었다. 1960년대 이전에 부자연스러울 정도로 하얀색을 내던 분 화장도 화사하고 자연스러운 피부 표현으로 바뀌기 시작했다.

1970년대에는 화장품 판매와 함께 브랜드를 중심으로 세련된 화장법을 소개하는 메이크업 캠페인이 활성화되었다. 천편일률적인 화장법에서 벗어나 때(time), 장소(place), 목적(object)에 적합하게 화장을 해야한다고 의식이 바뀌면서 우리나라 여성들의 화장품 소비 패턴에도 많은 변화가 있었다. 메이크업 제품이 점차 인기를 끌기 시작하면서 립스틱과 네일 에나멜이 많은 비중을 차지하고 오데 코롱 등 향수의 판매량이 늘어났다.

더불어 1970년대 말에는 '토털코디네이트'라는 말이 자주 등장하고 화장품의 수준과 화장 기술이 점점 향상되기 시작했다. 또 이 시기에 우리나라 화장품이 외국으로 수출되기 시작했고 생산되는 색조화장품도 다양해졌다.

1980년대에는 컬러텔레비전이 가정에 보급되면서 화장품에 대한 관심도 더욱 강화되었다. 바이오 화장품 시대를 열었으며, 첨단기술을 응용한 다양한 화장품이 개발되었다. 천연 고분자 보습제인 히알루론산과 립스틱의 천연색소 성분을 생명공학기술을 이용해 대량 생산했다. 단순한 성분 배합에서 벗어나 피부 및 모발의 생리에 기초를 둔 제품 생산에 박차를 가했다. 그 결과 유해산소 제거를 위한 노화억제(anti-aging) 화장품과 무향·무색소·저방부제의 민감성 화장품도 개발되었다. 화장품의 효능은 보습, 피부 유연효과 위주에서 피부에 안전하면서 동시에 여러 효과를 내는 제품을 생산하기 시작했다.

1990년대에는 환경공해를 인식하고, 좀 더 자연친화적인 부분에 관심이 고조됨에 따라 식물성을 함유한 자연성 화장품이 대거 등장했다. 진흙을 이용한 머드팩이 유행하고, 레티놀을 이용한 기능성 화장품이 각광받았으며, 헤어 컬러링이 유행하기 시작했다. 또 웰빙에 관심이 높아지면서 아로마 오일을 사용한 아로마테라피에 관심이 고조되어 피부 관리 등의 분야에서 응용되었다. 현재는 서양이나 일본 제품 등을 타깃으로 제품을 생산해내는 업체가 330여 곳에 이를 것으로 추산된다.

4) 화장품 용기의 발전과 의미

사람은 아름다운 용기, 상표, 디자인으로 자신의 신분을 보여줄 수 있다. 같은 화장품이라도 유명 상품의 로고가 새겨지거나 그려진 상품을 쓰는 사람과 아닌 사람은 뭔가 달라 보인다. 일반적이지 않을 수 있으나 타인과 차별화하고 싶은 욕구, 희소성 등은 사람의 관심을 끌게 마련이다.

우리나라 화장품이 전 세계적으로 발전한 이유 중 하나는 화장품 자체의 품질과 마케팅 외에 30퍼센트 이상이 용기에 있다고 본다. 지금은 용기 50퍼센트, 내용물 50퍼센트로, 전보다 용기가 차지하는 비율이 더 커졌다. 사람을 판단할 때 겉모습이 먼저 들어오는 것처럼 화장품 역시 용기가 먼저 시선을 끌게 되어 있다. 사람한테는 옷이 날개인 것처럼 화장품은 용기가 날개인 것이다.

이는 단순히 싸고 비싸고의 문제가 아니라 그 사람의 안목, 사회적 위치, 경제력, 문화적인 수준까지 보여주기 때문이다. 그 맛을 아는 사람은 때로 사회적인 비난과 질시를 받더라도 명품을 찾고, 돈을 더 주더라도 고급스러운 무엇인가를 사고자 한다. 내면의 충실함도 하나의 가치이지만 어떤 사람에게는 겉으로 보이는 것이 더 중요하게 생각될 수도 있다.

그런 면에서 보면 화장품 발전에 용기가 이바지한 역할은 어마어마하다고 볼 수 있다. 현재 우리나라 화장품 용기는 세계 어느 나라에 내놓아도 경쟁력이 있을 만큼 명품 대접을 받고 있다.

5) 화장품 용기의 트렌드

화장품산업의 발전과 더불어 관련 산업도 크게 발전해왔다. 화장품은 내용과 이미지로 승부한다. 사람들은 단순히 질 좋은 화장품을 싸게 사는 것에 만족하지 않는다. 화장품은 아름다움이라는 상징 속에서 차별화할 수 있는 무엇인가를 실현하는 역할도 한다. 그러므로 그 어떤 상품보다 포장이 중요하다. 디자인, 상표, 신상품이냐 아니냐는 소비하는 사람의 나이와 감각, 경제적 정도를 보여주는 잣대가 되는 것이다.

특히 화장품 용기의 디자인은 화장품의 기능을 대변하고, 브랜드를 알리는 중요한 역할을 한다. 용기에 담기지 않은 상품은 생각하기 어렵다. 아름다운 용기는 패션을 완성하는 하나의 상징적인 의미이다. 직접 만들어 쓰는 화장품이 활성화되지 못하는 이유 중 하나도 마땅한 용기가 없기 때문일 것이다.

상품으로 판매되는 화장품은 모두 용기에 담겨 있다. 하지만 용기가 단지 화장품을 담는 기능만 하는 것은 아니다. 용기는 화장품을 보호, 보전하며 사용자의 필요에 알맞게 덜어낼 수 있게도 한다. 화장품 용기도 패션이 있어 대략 5~6년을 주기로 삼기도 한다. 이는 여성의 패션과 비슷한 사이클처럼 보인다. 아름다운 디자인으로 소비자의 심미적 욕구를 충족시켜주며, 브랜드의 퍼스낼리티를 확립시켜준다. 이렇듯 용기는 화장품의 가치를 높여주며 화장품과 불가분 관계를 형성하고 있다.

그렇다면 내용물과 그것이 담기는 용기, 혹은 용기와 그것에 담기는 내용물이라는 식으로 나눠볼 것이 아니다. '용기도 화장품'이라고 하는 것이 실상을 표현하는 것이라 하겠다. 유수의 브랜드사들이 용기를 포함한 원자재 업체들과 공고하게 협력관계를 갖추고 있는 것도 이 때문이다. 지금은 생산 회사에서 OEM 형식으로 의뢰하여 진행하는 비율이 높아지고 있다. 이런 현상으로 미루어볼 때 자재산업을 통해 화장품산업의 발전사를 볼 수 있을 것이다.

7
PART

화장품 용기의
발전과 전망

우리나라에서 생산하는 화장품 용기는 세계 최고 수준으로서 외국에서 높은 인기를 누리고 있으며 수출량도 많다. 글로벌 명품 브랜드들도 우리나라 제품에 관심을 두고 있고, 우리 회사만 해도 바이어가 자주 찾아온다. 펌텍코리아의 경우 진공 용기와 펌프가 수출에서 상당한 비중을 차지한다.

국산 화장품 용기가 해외에서 인기를 누리고 있다고 해도 해외 수출 전망이 마냥 밝기만 한 것은 아니다. 사업에서는 영원한 안정이나 보장이 없다고 생각하고 항상 긴장해야 한다. 그중에서도 경쟁업체의 기술력 향상과 시장에서의 마케팅 전략은 가히 전쟁터라고 할 만큼 치열하다. 개별 제품 분야에서 볼 때 펌프 등 고급 제품은 일본에 의존하고 있으며, 저가 제품은 중국이 잠식해 들어와 양쪽에서 공격을 당하고 있는 것도 사실이다.

중국은 예전에는 인건비가 낮아 알루미늄 용기처럼 기술 수준이 낮아도 생산할 수 있는 제품에 주력했지만, 연구개발을 통해 경쟁 정도와 범위를 넓히고 있다. 그러므로 대체효과가 큰 분야의 품목을 찾아 기술력 향상을 위한 R&D를 지원할 수 있어야 한다. 제품 생산에서 아직은 우리나라를 기반으로 하는 이유는 용기업체 단독 진출은 무리가 있고, 브랜드와 동반 진출하는 것이 바람직하다고 보기 때문이다. 현재 동반 진출의 움직임이 있는 것으로 알고 있다.

1. 화장품 자재산업의
문제점과 해결 방안

지금까지 회사를 이끌어오면서 여러 난관이 있었지만, 그럴 때마다 확고한 의지와 노력으로 이겨내왔다. 최근의 어려움은 인건비 상승과 근로시간 단축인데, 이에 대처하려면 최선의 품질관리와 생산성 향상으로 문제점을 해결하는 노력이 절실하다.

첫째, 화장품 자재산업을 하면서 가장 크게 느꼈던 어려움은, 신제품을 개발하고자 할 때 본보기가 될 만한 자료나 정보가 없는 것이었다. 최근 들어 좀 나아지긴 했지만 여전히 해외 정보를 충분히 얻을 수 없어 답답할 때가 많다. 초기에는 보여줄 만한 자료가 없으니 우리 회사에서 신제품을 개발한 후 브랜드에 제안하는 게 대부분이었다. 요즘은 브랜드에서 어떤 용기를 생산해달라고 요청하는 경우도 많다.

둘째, 제조기술자가 부족한 점이다. 나는 직원을 뽑을 때 장기근속할 수 있는 조건을 가장 중요하게 생각한다. 기술과 관리의 특성상 숙달되는 데 시간이 걸리고 품질관리 측면에서도 기술자의 안정적인 근무자세가 필요하기 때문이다. 외국인 근로자들이 다소 투입되고 있지만 숙련된 기술자가 아니기 때문에 가르치는 데 시간이 오래 걸리고, 기술을 배운 후라도 본국으로 귀국해버리면 소용이 없다. 그렇다 보니 기술자들의 연령층이 점점 높아지고 있다. 이 현상은 장기적으로 볼 때 회사 운영의 문제로 나타나기 쉽다. 현장을 책임질 젊은 제조기술자를 양성하는 것이 급선무이다.

셋째, 시설 선진화를 위한 투자비 비율이 지나치게 크다는 점이다. 화장품 용기는 비교적 변화가 빠른 산업이고 좋은 제품과 신선한 아이디어로 시선과 효능을 더할 수 있어야 한다. 설비에 많은 자금을 투자하는 이유는 생산 효율의 극대화와 불량률 최소화를 위한 방안이기 때문이다. 외국에서는 거의 해마다 새로운 기계가 나오고 있다. 이를 따라가기 위한 투자가 여간 큰 부담이 되지 않는다. 그러므로 이전에 투자한 설비를 지속해서 운영할 수가 없다. 부국티엔씨(주)나 펌텍코리아도 현재의 작업환경과 자동화 설비를 선진화해야 하는 시스템을 갖추는 것에 최선의 목표를 두고 있다.

넷째, 제품을 생산하는 데 들어가는 원료비와 인건비 상승, 인플레이션이 용기 공급단가에 반영되지 못하는 것도 현실적인 어려움이다. 해마다 물가 상승분만큼은 가격이 올라야 하는데 실제로는 그렇지 못한 상황이다. 단가를 올리지 못하는 가장 큰 이유는 자재업체 간의 치열한 경쟁으로 적절한 공급단가 인상을 요구하기도 어려운 상황이기 때문이다.

다섯째, 근로시간 단축으로 고객의 납기를 맞추기 어려운 점이다. 2018년 2월 주당 법정 근로시간을 52시간(법정근로 40시간+연장근로 12시간)으로 단축하는 내용으로 '근로기준법 개정안'이 국회를 통과했다. 경영자 입장에서는 법이 규정한 시간을 맞추자고 무작정 직원을 많이 채용할 수도 없고, 채용하려 해도 구직자들이 대기업을 선호하기 때문에 중소기업 현장은 인력을 구하기가 어려운 실정이다.

이러한 여러 경우에서 볼 수 있듯이 생산 과정에서 어려움은 산재하기 마련이지만 크게 걱정하지는 않는다. 기업경영의 특성 자체가 변동성이 크고 그 상황에 어떻게 적응하고 대처하느냐가 성공하느냐와 실패하느냐의 관건이 된다.

하지만 화장품 용기에 대한 인식과 가치는 달라져야 한다고 생각한다. 단순히 내용물을 보호하고, 그 특성을 살리는 기능 이상의 역할을 하기 때문이다. 따라서 화장품에 대해 부속적인 것이 아니라 곧 화장품 자체라고 생각할 수 있어야 할 것이다. 그러므로 장기적인 발전 전략으로 볼 때 브랜드와 용기업체, 원료업체가 수평적으로 어울려야 한다고 생각한다.

2. 화장품 용기의 발전 전망

최근 소비자의 미적 만족 추구 경향이 강해지면서 어떤 제품이든지 아름다움은 또 하나의 경영 가치가 되었다. 각 기업마다 이를 접목하여 직접적인 수익으로 연계되도록 연구와 노력을 아끼지 않고 있다. 특히 화장품산업에서 디자인의 중요성은 아무리 강조해도 부족하지 않을 정도이다. 그중에서도 화장품 연령이 10대로 낮아지는 점을 반영하여 선명하고 밝은 톤과 귀여운 디자인의 용기를 개발하는 성향이 늘어나고 있다. 동시에 전반적으로 사람들의 평균수명이 길어지면서 젊음에 대한 요구가 커지고 있으며, 건강과 아름다움에 대한 관심이 증대되고 있는 상황이다.

우리 회사에서도 많은 부분 신경을 써서 연구하고 있는 에어리스 용기와 펌프 용기는 독일, 스페인 등 유럽 시장이 관심을 기울이는 종목이기도 하다. 이를 위한 구체적인 노력으로 친환경 후가공 기술 개발, 생분해성 플라스틱, 저탄소 배출 소재 응용 연구, 포장 용기 재사용 방안, IT기술과 접목한 기능성 차별화 포장 등에 대한 지원이 필요하다.

3. 화장품 용기의 트렌드

'패션' 하면 주로 옷이나 장신구 등 의생활에 관한 것으로 생각하기 쉽지만 의식주를 포함하여 우리의 생활 전반에 걸쳐 있는 것들로 확대해볼 수 있다. 엄격히 말하면 '유행'과 '트렌드'는 시기와 패턴에서 차이를 보인다. 즉 패션은 화려하게 시작하여 곧 스러져버리는 것으로, 기간이 짧으며 어떤 특정한 상품에 적용되는 경우를 말한다.

반면 트렌드는 소비자가 물건을 사게 하는 힘을 가리키며, 일상생활에서 일어나는 다양한 사회 현상과 가치관, 판단 등을 분석하여 미래를 선도할 수 있는 무엇인가를 찾아내는 것이다. 따라서 트렌드는 소비자의 경향이나 사회적인 추세, 관심 요소, 분야, 특성 등을 말하며, 일정 기간 지속되고 라이프스타일에도 영향을 미치게 되어 있다.

우리나라보다 화장품산업이 일찍 발달한 나라도 트렌드 만들기에 집중하여 하나의 문화를 형성했다. 예를 들어 샤넬은 샤넬 로고가 표시되어 있는 블랙 컬러 용기로, 에스티로더는 갈색 병, 버버리는 특유의 체크무늬 용기만으로도 브랜드를 떠올리게 한다. 이를 통해 전반적인 트렌드 면에서는 국내와 비슷하지만 국가별로 선호하는 용기 재질과 컬러는 다르다는 점을 알 수 있다. 예를 들어 중국은 골드나 레드 컬러, 유럽은 평범하고 효율적인 스타일을 선택할 가능성이 높기 때문에 이를 중심으로 공략하는 것이 중요하다.

오늘날 비즈니스 환경은 이전보다 빠르게 변화하고 있지만 트렌드를 놓치지 말고 잘 분석하여 시장을 선도할 수 있는 마케팅 전략으로 살린다면 새로운 비즈니스 기회를 찾아낼 수 있을 것이다. 비즈니스를 활성화하기 위한 노력 중 하나로, 디자이너와 개발자들은 소비자의 라이프스타일이나 사고의 흐름을 민감하게 파악하여 변화를 읽어낼 수 있어야 한다.

일상 속에서 트렌드를 읽어내는 몇 가지 방법을 알아보자. 가장 가까운 예는 TV와 잡지, 신문, 인터넷, 유튜브 등에서 정보를 파악하는 것이다. 초기에는 가능한 한 정보를 많이 모으는 것이 중요하다. 정보를 모은 다음에는 연령별, 성별, 경제적 수준별 공통점을 찾아내 키워드를 분석한다. 그다음에는 좀 더 범위를 축소하여 2차 키워드를 찾아내고 소비자가 공감하고 기대하는 부분에 집중한다. 그 내용을 근거로 시장에 변화를 일으키는 중요한 요인을 파악해낸다.

트렌드를 분석하는 것이 중요한 이유는 그 내용을 적용한 상품을 생산하여 소비자의 관심을 끌고 마케팅으로 연계할 수 있기 때문이다. 소비자의 트렌드를 무시한 제품은 어느 정도는 판매를 유지할지 몰라도 꾸준히 매출을 일으키지는 못할 것이다.

4. 현재 트렌드와
   우리 회사 제품 개발 전략

1) 현재 국내의 트렌드

그 예로 2018년의 트렌드를 알아보자면 다음의 세 가지 정도로 분류할 수 있겠다.

첫째, '짠테크'라는 말이다. 2018년 초에 모 개그맨이 진행하던 '영수증'이라는 프로그램에 나온 용어이다. 요즘은 '욜테크'라는 말로 진화했다. 삶은 즐기면서 소비는 합리적으로 한다는 뜻인데, 무조건적으로 절약하기보다는 쿠폰과 포인트 등을 잘 모아 고가의 호텔이나 항공권을 저렴하게 구입하여 삶의 여유를 즐길 줄 아는 것을 의미한다.

둘째, 빅 블러(Big Blur)이다. 원래 블러라는 말은 포토샵에서 대상을 흐릿하게 만드는 것을 의미하는데, 우리나라 사회현상의 변화와 속도가 빨라지면서 기존 재화와의 경계가 뒤섞이는 현상을 뜻하는 말이 되었다.

셋째, 미코노미(Me+Economy)는 내가 주체가 되는 경제활동을 나타내는 말인데, 모바일이나 네트워크를 이용한 소규모 단위의 경제활동을 지향한다는 뜻이다.

이 세 가지 트렌드를 살펴보면 외부의 시선이나 유행을 따르기보다는 자신의 요구나 판단을 중요시하고 스스로를 아끼는 경향이 강해졌음을 알 수 있다. 트렌드는 한순간 일시적으로 떴다가 사라지는 유행 같은 현상이 아니라 소비자를 구매로 이끄는 원동력이라는 것이다. 마케터가 트렌드 분석에 관심과 시간을 많이 투자하는 이유도 여기에 있다고 할 수 있다.

2) 세계적인 화장품 트렌드에 맞추기 위한 노력

우리나라에 '웰빙'이라는 개념이 들어온 것은 2004년경으로 보인다. 초기에는 '건강한 생활습관으로 자기 삶의 질을 높이고자 하는 현상'으로 이해돼 유기농·무항생제·무농약 먹거리를 고집하고 정기적으로 운동하고 피부를 관리하는 등 주로 몸에 초점이 맞추어져 있었다. 이후로 웰빙 개념이 점점 더 확대되어 산책과 취미생활, 스트레스를 덜 받을 수 있는 생활환경 등 건강한 삶을 추구하는 일종의 생활문화로 자리 잡았다.

화장품 용기도 이 같은 트렌드에 영향을 받아 친환경·유기농 제품을 선호하고 있다. 연두색과 녹색, 자연에서 그대로 가져온 색감을 강조하는 분위기이다. 어떤 경우는 잘 익은 과일과 그 향을 그대로 응용하여 먹어도 되는 화장품이라는 신선한 느낌을 주기도 한다.

이와 더불어 최근에는 방부제를 넣지 않은 화장품을 개발하는 것에 초점을 맞춘 연구와 마케팅이 활성화되고 있기도 하다. 어린이가 사용하는 화장품 시장이 넓어지면서 용기와 화장품 재료에 대한 적합성 실험이 중요시되고 있고, 좋은 품질만큼이나 청결과 안전이 새로운 화두로 떠오르고 있다.

우리나라는 최근 경기침체로 소비욕구가 많이 가라앉아 있으며, 쇼핑 자제력도 그 어느 때보다 강화되고 있는 것으로 보인다. 반면 우울하고 어두운 분위기의 반작용으로 저가 제품과 차별화할 수 있는 고가 제품의 화려함, 고급스러움을 강조하는 분위기도 있다. 이처럼 소비자는 변화를 원하고 있으며, 신상품 특유의 신선함과 독특함을 찾는 욕구도 여전한 것으로 보인다. 이를 만족시킬 수 있는 디자인을 이끌어내기 위해서는 몇 배나 노력해야 할 것이다.

PART

사업의 태동

PART 8

1. 기업가로서의 입문

내가 사업을 시작한 시기는 1969년인데, 국내 화장품자재산업계의 태동기이며 1세대에 속한다고 할 수 있다. 자재산업을 시작한 동기는 우연한 인연에서 시작되었다. 당시 나는 대학교를 졸업하고 대기업에 취직해 기획 파트에서 근무하고 있었다.

당시 많이 사용하고 있던 물감용 튜브를 만들어보라는 지인의 권유를 받아들인 것이 사업의 시작이 되었다. 내 나이 27세 때 일이다. 처음 생산한 제품은 납이나 납에다 주석을 얇게 입힌 것이었다. 주로 연고와 그림물감, 생활용품을 넣는 용도로 쓰이고 있었다.

문제는 주석을 입혔더라도 납을 원료로 하다 보니 중간에 주석 성분이 벗겨지고 사용자가 납에 중독될 위험이 있다는 점이었다. 제품을 생산하면서도 이 문제를 어떻게 해결할지 많은 고민이 되었다. 이를 해결하려고 시간을 들이며 독자적인 연구를 한 끝에 물감 튜브 용기를 알루미늄(aluminium)으로 대체했다. 1971년이었는데, 이때가 납을 대체할 수 있는 알루미늄 용기가 생산된 초기였다. 우리나라로서는 이 제품이 처음이었지만 유럽에서는 이미 생산하여 사용하고 있었다. 알루미늄 제품 생산을 계기로 제약회사 납품은 물론 화장품 업계에 더욱 적극적으로 진출하는 터전을 닦을 수 있었다.

당시 국내 화장품산업은 화장품의 개화기라고 할 수 있다. 화장법에 대해 다양한 시도가 있었던 시기인데, 재료나 용기 등에 대한 미적 감각은 그리 강화되지 않았다. 반면 제약산업은 상대적으로 더 발전해 있어 생산 물량의 80퍼센트가 제약업체에 납품되었다. 제약업체에서 품질을 인정받으면서 수요가 급증했고, 부국금속(주)가 성장하는 기회가 되었다.

그러나 지속해서 순항만 한 것은 아니었다. 대학 전공이 상경 계열이었기에 사업 초기에는 현장에서 직접 기술을 공부하면서 사업을 끌어가야 했다. 또 관리와 영업까지 혼자 해야 하니 어려운 점이 한두 가지가 아니었다. 더군다나 기술자를 구할 수 없어서 모든 걸 내가 함께 연구하며 진행해야 했다. 그렇게 50년을 하다 보니 이제 튜브 분야에서는 박사가 됐다. 이후로 공업용·산업용·의약용까지 다 알루미늄 튜브로 대체할 정도로 생산량이 늘어났다.

2. 알루미늄 튜브 생산

화장품 용기의 발전은 우리 회사 생산 제품의 변천과정과 거의 일치한다고 할 만큼 밀접하다. 납 제품 이후 알루미늄을 재료로 하는 연구가 이루어졌다. 알루미늄 튜브의 주재료가 되는 광석은 보크사이트(bauxite)이다. 알루미늄 튜브 제품은 재질이 가볍고, 공기나 수분을 차단하여 내용물을 완벽하게 보존할 수 있으며, 미적으로도 아름다워 상품으로서 가치가 높다.

우리 회사는 1972년 알루미늄 튜브 용기의 재료인 알루미늄 슬러그(Slug) 생산에 착수했다. 당시에는 알루미늄 슬러그를 국내에서 구매할 수 없었기 때문에 회사에서 직접 만들어야 했다. 이를 해결할 방안으로 같은 해에 성일기업을 설립하여 직접 생산에 나서기로 했다. 즉, 알루미늄 괴(잉곳: ingot)를 용해하여 생산 업무를 시작한 것이다. 그다음에는 용해된 알루미늄 액을 제작해놓은 틀(몰드: mold)에 부어 소 잉곳을 만든 다음 완전히 식기 전에 압연기에 넣어 수차례 압연과정을 거친 후 원하는 두께의 알루미늄 판(sheet)을 만들었다. 그리고 프레스에 넣어 튜브에 맞는 크기의 슬러그를 펀칭(punching)한다. 이렇게 하면 동전처

알루미늄 튜브 캔

럼 생긴, 튜브 사이즈에 맞는 크기의 슬러그가 나왔다. 성일기업은 슬러그를 만드는 것까지 했다.

부국티엔씨(주)에서는 그 성형된 슬러그를 열처리(annealing)한 후, 스테아린산(Stearic Acid)을 일정 비율로 섞어서 텀블링(tumbling)하는 과정을 거쳤다. 그 이유는 작업 시 잘 미끄러질 수 있도록 윤활유를 묻혀 주어야 다음 과정이 쉽기 때문이었다. 그다음 일정한 온도로 열처리한 후 프레스에 넣어 압출(impact)하면 1차적인 튜브 모양이 만들어진다. 여기에 스크루를 내어 나사산을 만들었다. 그렇게 한 다음 아래쪽을 적정 크기로 잘라 마무리했다.

알루미늄 튜브의 특징은 플렉시블(유연함: flexible)이기 때문에 열처리하는 과정을 거치도록 했다. 또 산이나 알칼리에 약하고 잘못하면 부식되기 쉬운 문제도 있었다. 이를 방지하고자 내부에 에폭시로 도포해서 코팅을 해주었다. 건조된 튜브에 다시 외부 코팅을 한 다음 옵셋으로 인쇄하여 말린 후 캡핑하는 순서로 공정이 진행되었다. 과거에는 이처럼 많은 과정을 사람이 하나씩 수동으로 진행했기 때문에 어려움이 많았고 생산량이 매우 적었다.

그래서 생각한 것이 유럽에 가서 알루미늄 튜브 기술을 배워 오는 것이었다. 독일과 스위스에 있는 알루미늄 튜브 공장을 파악하고는 일일이 찾아다녔다. 당시 유럽은 일정한 시간이 지나면 새로운 기계로 교체하고 전에 쓰던 기계를 팔게 되어 있었다. 그런데 대부분 공장에서 바꿀 계획이 없다고 해서 책임자에게 명함을 주고 "혹시 기계를 바꿀 때가 되면 연락해달라"고 부탁했다. 그래도 기계를 구하기가 어려워 독일에 열몇 번을 갈 정도였다. 나중에는 스페인, 포르투갈, 구소련까지 갔다. 전체 라인이 안 나오면 중간 부분이라도 팔라고 부탁해서 한국으로 가져와 조립했다.

현재는 전체 라인을 갖췄다. 이마저도 쉽지 않았던 것이 알루미늄 튜브 공정의 자동화를 위해서는 압출부터 캡핑까지 열 대 가까이 붙여야 전체 라인이 되는 구조였다. 우리 회사가 알루미늄 튜브를 생산하고 5~6년 뒤에 노후된 중고기계가 유럽에서 들어왔다. 그걸 부분적으로 자동화하고 수리하여 알루미늄 튜브를 만들기 시작했다. 처음에는 정말 많은 애로를 겪었다.

그러던 중 경영환경이 악화되는 사건이 일어났다. 1978년 12월 OPEC 회의에서 1976년 배럴당 12.70달러였던 석유 값을 14.5퍼센트까지 인상하기로 결정한 것이었다. 동시에 같은 해 12월 말 이란은 국내의 정치적·경제적 혼란을 이유로 들어 석유 생산을 대폭 감축시키고 수출을 중단했다. 그 영향으로 원유 가격이 20달러 선을 넘었고, 현물시장에서는 배럴당 40달러까지 오르게 되었다.

그 여파로 선진국의 경제성장률이 1978년 4.0퍼센트에서 1979년에는 2.9퍼센트로 떨어지고, 소비자물가상승률이 10.3퍼센트까지 치솟았다. 개발도상국은 더욱 큰 어려움을 겪었기 때문에 32.0퍼센트까지 물가가 상승하는 상황이 되었다. 우리나라 경제는 1973년에 있었던 1차 석유 파동 때보다 2차 때에 극심한 피해를 입었다. 우리 회사 역시 어려움이 컸는데, 알루미늄을 녹일 때 석유를 연료로 썼기 때문이었다.

그렇게 어려움을 이겨나가던 중 우연히 기회가 맞아떨어지면서 그 시기를 넘어갈 수 있었다. 당시 아폴로 눈병이 유행했는데, 바이러스에 결막이 감염되어 쓰라림과 이물감, 충혈, 종기 같은 것이 생기는 증상이 나타났다. 워낙 전염력이 높아서 눈병 치료는 물론 예방책으로 안약이 많이 소비되었다. 안약이 알루미늄 튜브에 적용되면서 대량 생산을 했고, 재고가 없을 정도로 판매가 잘되었다. 이때부터 호주, 방글라데시, 필리핀, 파키스탄으로 수출 길이 열렸고, 해외 시장에서 확고한 위치를 점하게 되었다.

3. 알루미늄 스프레이 캔 생산

유럽 회사의 공장을 방문하던 중에 알루미늄 튜브뿐만 아니라 캔도 생산된다는 사실을 알게 되었다. 그 흐름을 파악한 후 우리나라에서도 곧 수요가 있을 것이라 예측하고 1983년부터 알루미늄 스프레이 캔 생산에 착수했다. 처음에는 모든 것이 수동으로 진행되었다. 제품도 열악하고 생산수량도 나오지 않아 난관을 겪어야 했다. 당시 생산했던 알루미늄 캔은 불량이 많아 여러 가지로 어려운 점이 많았다.

알루미늄 캔을 만들던 시기에 끝까지 믿고 함께해준 유동진 회장님께 고마운 마음을 잊을 수가 없다. 특히 선진기술을 배워 오기 전에 수동으로 제작하면서 30퍼센트가 불량이 날 만큼 기준에 미치지 못하여 문제가 되었을 때도 회장님은 우리 제품을 지속해서 사용해주셨다. 미안한 마음에 인사를 갔는데, 비난하기보다는 "그럴수록 더 열심히 해서 국내 산업을 발전시켜달라"고 격려해주셨다. 그러한 말씀을 듣고 더 열심히 해야겠다는 의지와 용기가 생겼다. 혼자 힘으로는 넘기기 어려운 고비를 한 분의 호의로 잘 넘길 수 있었던 것이다.

그런 의미에서 사업은 총체적인 자원이 합해서 결과를 내야 하는,

하나의 거대한 시스템 같다고 생각한다. 아이디어와 제품 개발, 이를 실현하는 생산팀부터 시작해 외부요건인 고객, 신뢰, 영업, 보이지 않는 자산인 인덕까지 더해질 때 정제되고 효율적인 성과를 낼 수 있기 때문이다.

알루미늄 캔은 압력 가스를 넣는 방식이기 때문에 안전이 최우선 과제였다. 이를 위해 품질에 신중을 기하고 기술력을 발전시키는 동시에 생산량도 늘려야 했다. 이때도 알루미늄 튜브 생산라인을 설치했을 때처럼 유럽에서 중고 자동 라인을 수입해서 설치했다.

이 즈음에 갑작스럽게 위기가 다가왔다. 회사를 함께 운영하던 지인이 이민을 가게 되면서 회사를 매각하자는 의사를 밝힌 것이었다. 하지만 나는 계속해서 운영할 생각이었기 때문에 그분이 갖고 있던 지분을 인수하기로 했고 그 과정에서 어려움을 겪을 수밖에 없었다.

그리고 얼마 지나지 않아 머리카락에 바르는 무스와 헤어스타일을 고정시키는 스프레이의 인기가 폭발하면서 알루미늄 캔의 수요가 급증했다. 그때 사람들이 즐겨 하고 다니던 헤어스타일을 생각해보면 무척 재미있다. 학생부터 성인까지 일명 '자존심'이라고 해서 어느 정도로 빳빳하고 높게 머리칼을 세울 수 있느냐가 중요한 이슈가 되다시피 했다. 모두들 아침마다 거울 앞에 앉아 무스와 스프레이를 잔뜩 뿌려서 앞머리를 빳빳하게 세우는 게 일이었다.

특히 여학생들은 저마다 앞머리를 얼마나 높이 세우고 예쁘게 화장을 하고 왔는지에 따라 기가 살기도 하고 죽기도 했다. 같은 시기에 샤벳트(얼굴에 뿌리면 시원해지는 화장수)가 유행하면서 알루미늄 캔의 수요가

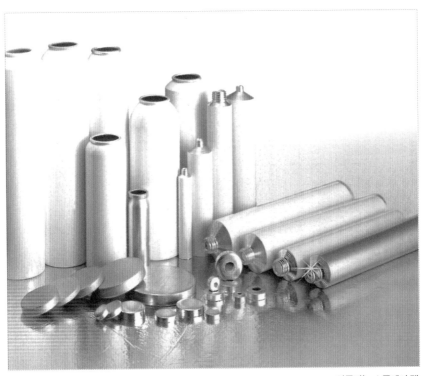

알루미늄 스프레이 캔

더욱 증가했다. 그 덕분에 지분인수 과정에서 겪은 어려움을 무사히 넘길 수 있었다.

당시 우리 회사만 알루미늄 캔을 생산하고 있었다. 넘치는 주문을 감당하기 위해 원래 있던 라인에 두 라인을 증설해서 생산량을 증가시켰는데도 수요를 맞추기가 어려울 정도였다. 이는 수요를 예측하고 준비한 면에서 지금 생각해봐도 다행스럽고 잘한 선택이었다는 생각이 든다.

4. 사회 현상과 사업의 관련성

순항하던 알루미늄 캔 사업이 1989년, 급격하게 꺾이는 상황이 벌어지게 된다. 우리 회사를 비롯해 무스를 생산하는 회사에는 직격탄이 되었다. 당시 모 가수가 불러 크게 히트를 친 '희망사항'이라는 노래 때문이었다. 가사에 나오는 '머리에 무스를 바르지 않아도 윤기가 흐르는 여자'가 문제였다.

그 노래는 당시 남자들이 좋아할 만한 여러 조건을 나열했는데, '청바지가 잘 어울리는, 밥을 많이 먹어도 배 안 나오는, 내 얘기가 재미없어도 웃어주는, 내 고요한 눈빛을 보면서 시력을 맞추는, 뚱뚱해도 다리가 예뻐서 짧은 치마가 어울리는 여자' 등등이었다. 그중에서도 머리에 무스를 바르지 않아도 윤기가 흐르는 조건을 맞추는 것이 비교적 쉬웠는지 이를 실천하는 여자가 많아졌고, 따라서 캔 용기의 소비도 내리막길을 걸었다.

아무리 성과가 좋고 안정적으로 운영하고 있더라도 경영자는 시장의 변화를 예측하고 대비하는 자세가 되어 있다. 하지만 이 사건은 가히 충격적이랄 만했다. 무스를 사용한 헤어스타일이 자연스럽게 유행을 벗어나고 다른 단계로 갔다면 대처할 수 있는 방법도 생각할 수 있었을 것이다. 그야말로 누군가 장난 삼아 던진 돌에 개구리가 맞아 죽은 꼴이었다.

지금까지 경영자로서 여러 가지 경험을 했지만 이처럼 예상하지 못한 사태는 없었던 것 같다. 그런 의미에서 대중문화를 이끌어가는 사람들과 언론, 보도 등 사람들의 판단에 영향을 미치는 일을 하는 경우에는 좀 더 신중할 수 있어야 한다고 생각한다. 이런 측면에서 보자면 요즘 유행하는 노래 중에 '연애는 필수 결혼은 선택, 가슴이 뛰는 대로 하면 돼' 라는 가사도 한 번쯤 깊이 생각해봐야 하는 내용이 아닌가 싶다.

2019년 2월 27일 통계청이 발표한 '2018년 출생·사망통계 잠정결과'에 따르면 현재 우리나라 출산율이 지속적인 감소추세를 보이고 있으며, 통계 작성 후 첫 '0명대', 즉 1명 밑으로 떨어졌다고 한다. 이는 1970년 4.53명에서 1977년에 2명대(2.99명)로 떨어졌고, 1984년에 1명대(1.74명)로 내려앉았다. 이후 34년 만에 0명대가 됐다. 인구를 유지하려면 합계출산율이 2.1명은 돼야 한다. 이를 보아 알 수 있듯이 우리나라 합계출산율은 경제협력개발기구(OECD) 35개 회원국 중에서 가장 낮은 수준이다.

이처럼 출산율이 떨어진 이유는 30~34세를 포함해 가임여성 인구가 줄어든 데다 그나마도 결혼을 하지 않는 여성이 늘고 있기 때문이다. 지난해 가임여성 인구는 1만 2,312명으로 전년 대비 1.7퍼센트 줄었다고 한다. 출생아는 줄어드는 반면 인구 고령화로 사망자 수는 늘고 있다. 이에 따른 총인구 감소도 예상했던 2028년보다 앞당겨질 것이라는 우려 섞인 전망을 내놓았다. 이를 좀 더 자세히 보면 지난해 사망자 수는 전년보다 4.7퍼센트 늘어난 29만 8,900명으로, 사망원인통계 작성이 시작된 1983년 이래 가장 많았다. 이 때문에 출생아 수에서 사망자 수를 뺀 인구 자연증가 규모는 2만 8,000명으로 1년 전보다 61.3퍼센트 감소했다. 집계가 시작된 1970년 이래 최저치이며 감소 폭도 가장 크다.

한병철은 「피로사회」라는 저서에서 "시대마다 그 시대에 고유한 질병이 있다"고 설파했다.

'이를테면 박테리아적이라고 할 수 있는 시대도 있는 것이다. 하지만 이 시대는 적어도 항생제의 발명과 함께 종언을 고했다. 인플루엔자의 대대적 확산에 대한 공포가 여전히 무시할 수 없는 것이기는 하지만, 우리는 오늘날 더 이상 바이러스의 시대를 살고 있는 것은 아니다. 우리는 면역학적 기술에 힘입어 이미 그 시대를 졸업했다. 21세기의 시작은 병리학적으로 볼 때 박테리아적이지도 바이러스적이지도 않으며, 오히려 신경증적이라고 규정할 수 있다. 신경성 질환들, 이를테면 우울증, ADHD, 경계성성격장애, 소진증후군 등이 21세기 초의 병리학성 상황을 지배하고 있는 것이다.'

「피로사회」, 한병철, 문학과지성사, 2012, 11쪽

나는 한병철 작가가 열거한 병들에 한 가지 병명을 더 붙이고 싶다. '미래상실증후군'이다. 초등학교 학생부터 고령에 이르기까지 '연애는

필수, 결혼은 선택'을 즐겨 부르는 것이 과연 건강한 사회문화일까. 혹 자신의 삶을 역사 속에서의 한 존재가 아니라 개별적인 존재로서 한시적으로 머물다 가면 된다는 의식으로 살고 있는 것은 아닌가 하는 의문이 올라온다.

어떤 사람은 노래 가사 한 줄에 무슨 의미를 그렇게 부여하는가 싶을 수도 있지만, 결혼에 의미를 두지 않고, 따라서 창조적 생산도 없는 이 세대야말로 미래를 잃어버린 것은 아닌지 오히려 질문을 던지고 싶다.

나는 인간을 포함하여 모든 생물은 다음 세대를 생각하고 살아갈 때 가장 바람직한 모습으로 성장할 수 있다고 생각한다. 성경에 보면 하나님이 세상을 창조하신 후 인간에게 가장 먼저 지상 과제로 한 말이 "생육하고 번성하라"는 것이었다. 단세포 생물이라고 하는 아메바도 다음 세대를 위하여 제 몸을 반으로 나누는 이분열법, 또는 여러 개로 나누는 다분열법으로 증식한다.

물론 각 세대마다 어려움이 있고, 힘든 과정을 겪어가지만 인간으로서 최선은 끝까지 제 몫을 감당하는 것이다. 그것이 자연의 법칙이자 최선을 실현하는 것임을 다시 한번 생각하는 사회 분위기가 되었으면 한다.

나는 비교적 무난하게 사업을 이끌어왔지만 그렇다고 해서 꽃길만 밟고 온 것은 아니다. 앞의 위기와 더불어 한 번 더 위기가 찾아왔다. 2007년 미국에서 서브프라임 모기지가 시작되었다. 당시 미국은 주택 가격의 20~30퍼센트를 초기계약금으로 내고 30~40년에 걸쳐 융자금을 상환하는 것이 일반화되어 있었다. 문제는 융자를 받은 주택구입자들이 상환금을 제때 내지 못해 연체율이 높아지다가 담보주택을 압류당하는 것이었다. 그 결과 융자를 제공한 1차 모기지 대출기관의 경영실적이 악화되고 파산가능성이 높아졌으며, 투자은행도 손실을 입어 주가가 곤두박질쳤다.

그 영향으로 우리나라의 증시가 내려앉고 경기에도 적신호가 켜졌다. 경제상황은 이처럼 어려웠지만 다행히 우리 회사가 큰 타격을 받지 않았던 것은 중국수교 이후 한류 붐이 폭발적으로 일었기 때문이다. 2009년부터 한류 열풍이 불기 시작했는데, 중국 텔레비전을 켜면 40여 개 채널 중 7~8개 채널에서 한국 드라마를 방영할 정도였다.

'대장금'이 방영될 때는 집집마다 가족이 모여앉아 시청했고, 못 본 사람은 다음 날 대화에 끼어들지 못했다. 한류 열풍에 따라 한국음식이 진열대의 앞자리를 차지하고, 옷가게마다 대장금식 한복이 걸려 있었다. DVD 가게에는 한국 영화와 한국 드라마 코너가 마련돼 있었고, 유명가수들의 뮤직비디오와 CD도 진열돼 있었다.

한류 열풍에 가장 큰 영향을 받은 사람은 젊은 층이었다. 한국이 세련되고 아름다운 사람들, 시련과 역경을 극복하는 의지 등으로 인식되고 있었기 때문이다. 월드컵 4강 신화를 비롯해 경제적인 부분에도 큰 영향을 끼쳤고 사회와 문화, 사고방식을 바꾸는 계기가 되기도 했다.

당시 중국 주재원들이 경험한 바로는 한국 사람들은 다 잘생기고, 예쁘고, 세련되고, 잘살고, 멋있다고 부러워할 정도라고 했고, 자신도 그렇게 되고 싶다고 얘기하는 경우가 많았다. 드라마로 알게 된 이영

애, 전지현, 장나라, 장동건, 차태현의 포스터가 내걸리고, 한국 노래에 대한 기호도 대단했다. 한국산 에어컨과 냉장고, 휴대폰은 중국인들이 받고 싶어 하는 최고의 선물이었다. 여러 가지 산업 중에서 화장품도 톡톡히 한류 문화의 혜택을 보았음은 물론이다.

5. 폴리에틸렌(PE) 튜브 생산

1990년대는 우리나라 화장품산업이 많은 발전을 이루던 시기였다. 해외 시장에도 시선을 돌려 화장품 용기와 관련한 전시회도 자주 찾아보았다. 그때 해외에서 변화의 조짐이 있었는데, 폴리에틸렌 튜브(Polyethylene tube)가 새롭게 부상하고 있었다. 우리나라에도 폴리에틸렌 튜브를 생산하는 선발기업이 있었지만 품질도 열악하고 시장의 수요에 맞추기도 어려운 상황이었다.

한국으로 돌아온 후 폴리에틸렌 튜브 생산 기계를 국산화하고 자동화하기로 결심했다. 이를 위해 1990년에 경훈산업을 설립해서 생산을 위한 작업을 의욕적으로 추진했고, 기대했던 국산화를 성공했다.

폴리에틸렌 튜브의 장점은 복원력이 뛰어나고 재료비가 낮아 활용 범위가 다양하다는 것이었다. 또 디자인이 아름답고 휴대하기 편리하다는 면도 유용하게 쓰이는 조건이 되었다. 플라스틱 튜브의 쓰임새는 내용물에 따라 다른데, 크게 단겹(1 Layer), 3겹(3 Layer), 5겹(5 Layer)으로 나누어 사용한다. 단, 공기 유통이나 수분 증발의 가능성이 높은 내용물일 경우에는 되도록 쓰지 않았다. 이런 단점이 있는데도 다른 장점이

폴리에틸렌 튜브

많고 활용도가 높은 재질이라서 핸드크림이나 폼클렌징, 파운데이션, 선크림 등의 용기로 활용되고 있다.

이때가 1997년이었는데 국가적으로는 경제에 큰 충격을 준 사건이 터진 때이기도 했다. 그해 11월 21일 경제 부총리가 우리나라 경제난 국을 타개할 목적으로 국제통화기금(IMF)에 자금 지원을 요청하기로 공식적으로 결정했다는 기자회견을 했다. 나라 빚이 총 1,500억 달러가 넘고, 당장이라도 갚아야 할 돈이 많은데 외환보유고는 40억 달러에도 미치지 못한다는 설명이 뒤따랐다. 그 여파로 우리나라는 인원감축,

조기퇴직, 연쇄부도 등 절대적인 혼란에 빠졌고, 앞날을 예측할 수 없을 정도로 어려운 상황에 직면했다.

그 여파를 가장 강하게 입은 연령대는 중장년층 직장인과 사업자들이었다. 중년층 해고자가 많아지면서 구직자들마다 아직 일할 수 있는 나이임을 보여주는 일이 중요해졌다. 너도나도 흰 머리카락을 검게 물들이고자 했고 덩달아 염모제 소비도 늘었다. 염모제는 대부분 알루미늄 튜브나 폴리에틸렌 튜브에 담겨 있었다. 갑작스럽게 수요가 늘어나면서 우리 회사로 들어오는 주문량도 증가했다.

당시 우리 회사로서는 주야로 생산라인을 가동해도 제품 공급이 어려울 정도로 때 아닌 호황을 맞았다. 그렇게 자리를 잡아가면서 2000년에는 폴리에틸렌 튜브를 생산하던 경훈산업을 흡수합병하고 사명을 부국금속에서 부국티엔씨 주식회사(Bookuk T&C Co., Ltd.)로 바꿨다.

6. 기능성 화장품 용기 생산

당시 각종 튜브와 캔 용기 생산이 안정 궤도에 있다고 할 만했지만 내 마음속에는 신제품 개발에 대한 요구가 지속해서 일어나고 있었다. 그중에서도 기능성 화장품 용기에 관심이 많았다. 펌프를 이용한 진공 용기를 만드는 방식에 관해 수년간 이런저런 구상을 해왔다. 기능성 용기의 가장 큰 특징은 품질을 완벽하게 보존하는 것인데, 거기에 더해 청결과 기능, 미려함까지 완벽하게 갖출 수 있어야 한다고 생각했다.

그러던 중 여러 화장품 회사 관계자들에게 기존 용기의 문제점을 보완하여 좀 더 완벽한 제품을 생산해달라는 요구가 많이 들어왔다. 당시 진공 펌프를 이용한 진공 용기 수준은 선진국을 따라갈 정도가 안 되었고, 생산하던 제품도 판매 후 트러블이 일어나는 경우가 많았다.

이 요구를 충족하고자 2001년 펌텍코리아(Pump Technology Korea)라는 펌프 및 진공 용기 제조회사를 설립한 후 신상품 연구에 들어갔다. 2년에 걸쳐 새로운 구조를 가진 펌프를 생산하기 위한 기술 개발 및 자동화 생산 시설에 몰두했다. 완벽할 때까지는 생산하지 않겠다는 각오가 있었기 때문에 짧지 않은 기간 동안 연구에 집중했다.

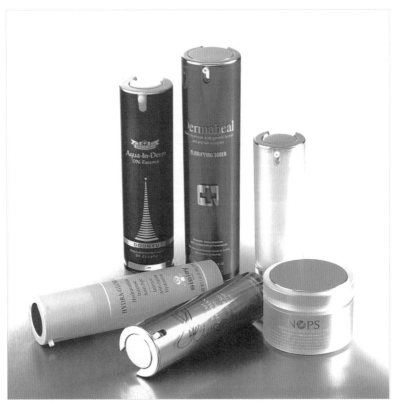

기능성 화장품 용기

　그 결과 2003년부터 시장이 요구하는 수준의 기능성 화장품 용기
를 생산해낼 수 있었다. 우리 회사가 새로운 펌프와 진공 용기 생산에
성공함으로써 관련 업계도 영향을 받아 전반적으로 수준이 높아졌다.
펌텍코리아의 연구가 우리나라 기능성 화장품 용기의 발전에 이바지했
다는 점에서 큰 보람을 느꼈다. 이에 만족하지 않고 진공 펌프를 이용
한 펌프 튜브 용기를 개발했으며, 후속작으로 콤팩트 안에 진공 펌프

기술을 이용한 '에어리스 콤팩트(Airless Compact)'를 개발했다. 비슷한 시기에 용기를 열 때 스포이트가 내용물을 자동으로 흡입하는 제품인 '오토 드로퍼(Auto Dropper)'도 상용화에 성공할 수 있었다.

현재 펌텍코리아의 국내외 특허는 모두 230여 건에 달한다. 특허가 많은 이유는 창의성을 바탕으로 신제품 개발에 주력하고 있기 때문이다. 화장품의 제형이 바뀌면 그에 적합한 용기도 새로 개발돼야 한다. 이처럼 끊임없는 노력으로 여러 거래처에서 우리 제품을 인정받은 것이 지금까지 이루어온 성과이자 보람이다. 이 평가는 하루아침에 이루어진 것이 아니라 회사 설립 당시부터 이어져온 제품 개발, 품질 혁신, 생산 자동화 노력에서 시작된 것이라고 생각한다. 품질이 우수하면 가격이 조금 비싸도 국내외에서 인정받을 수 있다.

우리나라 기능성 화장품 용기는 세계적으로도 큰 호응을 얻어 P&G, 에스티로더, 로레알, 시슬리 등 세계 유수 화장품 회사에 수출하고 있다. 일본 시세이도, 가네보 등의 업체와도 계약이 되어 거래가 증가될 전망이다. 더 나아가 현재 전체 매출의 35퍼센트인 수출 비중을 50퍼센트까지 끌어올릴 예정이다.

화장품의 신상품 개발 사이클은 보통 5년 주기로 진행된다. 신기술 개발의 시작은 고객이 원하는 바를 파악하고 편리성을 갖추며 아름다움을 실천하고자 하는 기준에 근거한다. 그러므로 해마다 더 진보된 용기를 개발하여 새로운 시장의 흐름에 대응해야 한다. 우리 회사는 제품 연구와 함께 품질력을 높이는 방안으로 품질 관리부서의 인원 비중을 높여왔다. 전 직원 중에서 오로지 품질 관리만 하는 직원이 40명이다.

이들은 안정적인 시스템을 바탕으로 협업을 진행해 다양한 품질 개선 노력을 선보이고 있다. 특히 시스템 파트, 신뢰성 파트, 공정관리 파트, CS 파트를 별도 운영하며 세분화시켰고, 화장품 내용물과 용기가 안 맞을 경우를 대비해 자체적으로 실험을 하기도 한다.

연구개발에도 집중하여 전체 매출의 10퍼센트 이상을 투자하고 있다. 이 같은 혁신 노력으로 펌텍코리아는 설립 후 연평균 높은 수준의 고속 성장을 하고 있으며, 펌텍코리아와 부국티엔씨(주)의 매출 증대를 예상하고 있다. 그중 펌텍코리아는 그동안의 성과를 바탕으로 2019년 IPO(Initial Public Offering)를 추진하고 있다.

펌텍코리아 사옥 전경

7. 라미네이트 튜브 생산

라미네이트 튜브(Laminated tube)란, 알루미늄 튜브나 폴리에틸렌 튜브와 달리 ABL(Aluminum Barrier Laminated)이나 PBL(Plastic Barrier Laminated) 재료를 사용해서 원단을 0.36밀리미터 정도 두께로 튜브 규격에 맞게 일정한 규격을 만들어 이를 용착(welding)해서 튜브 모양을 만드는 방식이다.

당시 우리나라에서 생산하는 라미네이트 튜브는 용착 부분이 완벽하게 처리되지 못해 내용물이 새어나오는 등 문제점이 발생했고, 주로 치약이나 물감용 튜브 용기 정도로 사용되고 있었다. 나는 이 문제를 해결하고자 2003년 라미네이트 튜브를 생산하기로 결심하고 기술 개발에 본격적으로 착수하여 단점을 보완해나가기 시작했다. 연구 과정에서 스위스의 최신 용착기술을 접목하여 품질이 더 향상된 제품을 생산할 수 있었다.

라미네이트 튜브의 특징은 유연성이 우수하여 내용물 보존력이 뛰어나고, 약간의 찌그러짐은 있지만 복원력이 좋은 편이라 미적 가치가 있는 것이다. 또 자외선과 외부환경 차단이 용이하고 인쇄 시 미려하다

라미네이트 튜브

는 장점이 있다. 더불어 고속·대량 생산이 가능해 제조 가격이 저렴하다는 장점이 있으며 치약, 핸드크림, BB크림, 선크림 등에 주로 쓰이고 있다.

특히 초기 문제였던 용착 부분을 자동화로 완벽하게 해결함으로써 접착력을 높이는 성과를 얻었고, 화장품·의약품·생활용품에도 널리 쓰일 수 있게 되었다. 라미네이트 튜브는 알루미늄이나 폴리에틸렌 튜브에 비해서 가격경쟁력이 높기 때문에 여러 산업 분야에서 지속적으로 성장 발전하리라 기대된다.

한편, 알루미늄·폴리에틸렌·라미네이트 튜브 등의 기존 튜브보다 더 발전된 것이 폴리포일 튜브(Poly-Foil tube)이다. 이 튜브는 일명 7겹 튜브로도 불리는데, 알루미늄 포일 튜브에 PE를 입힘으로써 라미네이트 튜브의 최대 결점인 용착면의 문제를 완벽히 해결했다. 나아가 사용 중 형태가 쭈그러지는 단점을 완벽하게 보완하고, 그중 내용물의 공기 유통이나 수분 증발을 방지함으로써 더욱 안전성을 기할 수 있다. 단 이 제품의 단점은 다른 튜브들에 비해 생산 원가가 높다는 점이다. 하지만 튜브 가운데 최고라고 인정된 만큼 앞으로도 고가 제품 등에 지속적으로 수요가 증가할 것으로 예상된다.

PART

회사 경영 원칙

PART 9

1. 품질이 곧 신뢰이다

내 이름에 재(在)와 신(信)이 들어 있다. '믿음이 있다'는 뜻이다. 이 이름에 책임을 지고자 늘 자신을 채찍질해왔다. 실천하기 위한 방법 중 하나는 한 번 인연을 맺으면 끝까지 가는 것이었다. 기업 운영에서 신뢰를 얻을 수 있는 것은 품질이며, 내 기준 역시 '품질 제일주의 기업'으로 인정받는 것이었다. 이는 인맥이나 혜택보다 앞서는 것이다. 아무리 좋은 환경이 받쳐준다고 해도 실력을 갖추지 않으면 오히려 부담이 될 수 있다는 점에서 명심해야 할 부분이라고 생각한다.

2. 잘하는 것에 집중하라

회사를 운영하면서 조금 잘나간다고 해서 무리하게 투자하거나 사업을 확장하다가 도리어 무너지는 경우도 많이 있다. 과다한 사업전개가 얼마나 위험한 일인지 순식간에 무너지는 기업의 예들을 보면 잘 알 수 있다. 따라서 내실을 기하는 것이 중요하다. 자기 분수와 능력에 맞도록 적당한 규모로 차근차근하게 키워나가야 한다. 선장이 배를 몰 때 처음에는 근해(近海)를 항해하다가 조금 지나면 원근해(遠近海), 다시 원해(遠海)로 폭을 넓혀나가는 것과 같은 이치이다.

모험과 도전정신을 의미하는 벤처정신은 양면성을 지니고 있다. 크게 성공할 수도 있지만 망할 확률도 그만큼 높아진다. 2017년 말에 나온 통계청 자료에 따르면 우리나라 사업자등록 수는 420만 개가 넘는다. 그중 50년 이상 장수하는 기업은 1,629개로 0.38퍼센트에 지나지 않는다. 장수기업 CEO의 의견은 기술력과 경영, 인사관리까지 안정적이고 능률적인 프로세스를 통하여 지속적인 성장을 할 수 있어야 한다는 의견이 많았다. 기업을 설립한 후 30년, 40년, 50년 만에 망하는 비율을 보면 안타깝기 짝이 없다.

일본과 비교하면 더욱 큰 특징이 드러나는데, 일본의 100대 기업이 평균 30년 이상 가는 데 비해, 한국은 평균 10년에서 12년, 미국은 15년, 세계 기업의 평균은 13년이라고 한다. 하지만 현재 우리나라 경제 상황을 보면 10년은커녕 3년도 못 버티는 경우, 1년도 못 가 문을 닫는 사례도 흔치 않다.

이런 통계를 접할 때면 부국티엔씨(주)가 이처럼 어려운 경영환경에서 50년 넘게 살아남을 수 있었던 것에 다시 한번 감사하게 된다. 그 이유는 냉철한 현실 인식과 욕심부리지 않고 한 발 한 발 걸어온 것에 있다는 생각이 든다. 이 경험으로 생각할 수 있었던 것은 모험과 과욕은 기업 장수의 적이라는 점이다.

한국 기업을 통틀어보면 회사 수명이 평균 18년을 넘지 못한다고 한다. 장수기업이 많지 않은 이유 중에는 내·외부 경영환경과 더불어 기업들의 과욕과 과도한 모험이 있을 것이다. 이를 통해 알 수 있듯이 경기라는 것은 언제 어떻게 변할지 모르는 살아 있는 생물체와 같다. 그러므로 한 발 한 발 내디딜 때 징검다리를 건너는 것처럼 조심스럽게 앞으로 나아가야 한다.

가끔 주변 사람들에게 "화장품 용기를 50년 정도 만들었으면 직접 화장품을 생산하는 것이 어떻겠느냐"는 말을 들어왔다. 사실 관련 업계에 있으니 언뜻 쉬워 보일 수도 있을 것이다. 하지만 나는 화장품 사업에 직접 진출하겠다는 생각을 해본 적이 없다. 화장품을 개발할 줄 몰라서도 아니고, 영업을 할 줄 몰라서도 아니다. 그 이유는 간단하다.

사람은 모든 것을 소유할 수 없고 나 역시 내가 할 수 있는 범위가 있다고 생각했기 때문이다. 확실하게 내 것이 된 것에 집중하여 더욱 경쟁력 있는 제품으로 발전시킬 수 있어야 하는 것이다. 하지만 많은 사람이 눈앞의 이익만 보고 이것저것 생각하지 않고 달려든다. 이익이 많을수록 좋다고 생각하기 쉽지만 과도한 이익 추구는 경영자로서 길을 잃게 한다. 길을 잃고 나서 가만히 생각해보면 누가 잘못해서가 아니라 자기 욕심에 눈이 가려 있었음을 알게 될 것이다. 그러므로 스스로 안분지족하면서 적당하게 멈출 줄 알면 끝까지 잘 걸어갈 수 있다.

이와 관련한 예로 노자의 「도덕경」 제45장의 가르침이 있다.

大成若缺 其用不弊　　대성약결 기용불폐
大盈若沖 其用不窮　　대영약충 기용불궁
大直若屈 大巧若拙　　대직약굴 대교약졸
大辯若訥 躁勝寒　　　대변약눌 조승한
靜勝熱 淸靜爲天下正　정승열 청정위천하정

가장 완전한 것은 마치 이지러진 것 같다.
그래서 사용하더라도 해지지 않는다.
가득한 것은 마치 비어 있는 듯하다.
그래서 퍼내더라도 다함이 없다.
가장 곧은 것은 마치 굽은 듯하고,
가장 뛰어난 기교는 마치 서툰 듯하며,
가장 잘하는 말은 마치 더듬는 듯하다.

고요함은 조급함을 이기고, 추위는 더위를 이기는 법이다.

맑고 고요함이 천하의 올바름이다.

이 장에서 가장 강조하는 것은 '대(大)'이다. 대는 최고의 가치를 말하는 것으로, 그 기준은 '자연'이다. 자연스러움이 최고의 형식이라는 뜻이다. 大成若缺(대성약결)과 大盈若沖(대영약충)은, 돈이 많은 사람은 겉으로는 별로 없는 것처럼 허름하게 차리고 다니고, 많이 아는 사람이라도 겉으로는 어리석어 보일 수 있다는 뜻이다.

大直若屈(대직약굴)은 가장 크고 중요한 원칙이 서 있는 사람은 굳이 고집을 부리지 않는다는 의미이다. 오히려 큰 원칙이 없는 사람일수록 작은 일에 걸리고 잣대를 들이대어 상대방을 불편하게 하는 것이다. 어떤 일이든 최고 수준에 이른 사람은 형식에 얽매이지 않고, 좁은 기준이 아니라 넓고 시원한 시야를 갖게 되는 것이다.

또 靜勝熱 淸靜爲天下正(정승열 청정위천하정)은 고요함이 조급함을 이기고 추위가 더위를 이긴다는 것에서는 맑고 고요함이 얼마나 큰 도의 지경인가를 보여주고 있다.

나는 회사를 운영할 때도 가장 자연스러운 선택이 무엇인지, 어떤 경우에도 지켜야 할 원칙은 어떤 것인지 잊지 않고자 노력했다. 그 기준이 있었기 때문에 외부 상황과 상관없이 항상 고요함을 유지할 수 있었다고 생각한다.

내가 화장품을 개발하지 않기로 결심한 이유는 무슨 일을 하더라도 욕심이 과하면 안 된다고 생각했기 때문이다. 대원칙에 어긋나며 도의적으로도 옳지 않은 짓이라고 생각했다. 그동안 우리 회사의 제품을 사준 브랜드들에게 감사한다면, 이익 여부를 떠나서 그러면 안 된다는 마음이 있었던 것이다.

돈을 생각하게 되면 오직 돈만 보이며, 돈만 이야기하게 된다. 회사에 돈이 좀 벌린다고 해서 규모 없이 펑펑 쓰거나 검증하기 어려운 곳에 과하게 투자하면 어려움이 다가온다. 그러므로 돈이 없었을 때처럼 절약하며, 매사에 책임질 수 있는 자세를 지켜야 한다.

화장품을 생산해서 성공할 수도 있겠지만 수익 모델이 많으면 많을수록 얻는 것은 더 적다고 생각한다. 사람은 좀 더 빨리 성장하길 바라고 그럴 때면 주변에 유혹 요소들이 수도 없이 많아진다. 유혹받는 입장에 서 있을 때 탐욕을 자제할 수 있는 사람은 드물다. 그러나 지혜로운 사람은 빨리 냉정해진 후 전후좌우의 이익을 따진다. 성공은 모두 받아들이는 것도 아니고 모두 포기하는 것도 아니다.

회사 규모를 늘릴 때도 무리하지 않는다. 이 정도만큼은 감당할 수 있겠다 싶을 때, 건물 지을 계획을 잡는다. 그런데도 여러 번 증축하게 됐는데 항상 내 생각보다 빨리 발전하기 때문이었다. 짓고 나서 운영하다가 좁다 싶을 때 또 짓고 그랬다. 세 번째로 펌텍코리아 사옥을 늘릴 때도 이 공장 크기면 충분하겠다 싶었다. 그런데 일이 늘어나고 그 양을 감당하기에는 기존 사옥이 좁아져서 바로 옆에다 또 짓게 되었다.

부국티엔씨(주)도 제품 수요에 따라 조금씩 늘리는 과정에서 규모가 늘어났다. 나는 지금도 내실 있게 전진하는 것을 중요하게 생각한다. 한 번에 뛰거나 날아오르는 것이 아니라 조금씩 조금씩 바닥을 다지며 앞으로 나아가는 것, 이것이 진정한 발전이라고 믿는다.

3. 안주(安住)는 퇴보의 지름길이다

과욕은 금물이지만 안주해서도 안 된다. 현실 안주는 정체되는 것이고, 이는 곧 도태를 의미한다. 처음에 물감용 납 튜브를 만들다가 알루미늄 튜브, 알루미늄 캔, 플라스틱 튜브, 라미네이트 튜브, 펌프 진공 용기를 하나씩 개발한 것도 안주해서는 발전이 없다는 확신 때문이었다. 백조가 유유히 물 위에 떠 있는 것은 물속에서 끊임없이 다리를 움직이기 때문이다. 이처럼 줄기찬 노력들이 있었기에 50년이라는 짧지 않은 세월 동안 회사를 운영할 수 있었다고 평가한다.

발전을 위해 앞으로 나아가더라도 자기가 가장 잘할 수 있는 분야와 동떨어진 것이어서는 안 된다. 현재 하고 있는 분야와 연계되고 연관이 있어야 한다. 그래야 시행착오를 덜 겪을 수 있다. 전혀 모르는 분야에 자신감만 가지고 뛰어들었다가는 십중팔구 낭패를 보게 마련이다. 앞으로 회사 운영 방침도 마찬가지이다. 이는 다음 세대의 운영 기준이 될 것이며, 회사의 체제와 전통을 갖출 수 있는 자원이 될 것이라 확신하고 있다.

4. 타이밍의 중요성

모든 일에는 때가 있다. 그 시기 혹은 시대에 형성되는 소비자의 요구를 파악하고 적시에 충족시켜야 한다. 사업 아이템을 선정하는 과정도 마찬가지이다. 적절한 시기에 맞춰 소비자의 욕구를 충족시키는 제품은 성공할 수밖에 없다. 기업경영에서 타이밍을 잘 맞춘다는 것은 성공과 장수의 요건에서 빼놓을 수 없는 조건이다.

타이밍을 맞추려면 시장흐름에 대한 예측능력이 필요하다. 시장이 어떤 방향으로 움직이는지를 잘 보고 있으면 앞으로 어떤 제품이 언제쯤 필요할지를 알게 된다. 길목을 미리 막고 물고기가 지나가기를 기다리는 것과 같은 이치이다. 미래지향적 사고를 통한 예측능력과 선견지명이 있으면 적절한 시기가 보이게 마련이다. 자신의 분야에서 시대흐름을 정확히 꿰뚫어보려는 노력이 필요하다. 타이밍을 잘 맞춘다면 이미 절반은 성공을 거둔 것과 같다.

내 경우에 지나치게 빠르게 아이디어를 내서 오랫동안 기다렸던 상품이 있다. 스틱 제품 용기였는데 10여 년 전 개발에 성공했지만 상용화하기에는 일렀다. 10년 후에 수요가 일어나 시장 상황에 맞출 수 있었지만 개인적으로는 적시에 맞춰야 한다는 면에서 약간은 실수라고 생각한다. 그러므로 경영자는 항상 머릿속에 사업에 대한 생각을 하고 있어야 하며, 막연한 아이디어가 아니라 현실과 적합한 내용인지 검증하는 노력을 멈추지 말아야 한다.

기업경영은 급하게 생각하면 안 된다. 그렇지 않으면 50년, 100년까지 갈 수가 없기 때문이다. 이거면 됐다가 아니라 다음은 어떻게 할까, 무엇을 하면 더 좋아질까를 항상 생각해야 한다. 발전하는 사람의 의식 속에는 '내가 할 일이 더 있다'는 생각이 있다. 이런 생각이 아니라 '얼마나 이익을 더 낼까', '어떻게 하면 회사 크기를 더 늘릴까'에 욕심이 있으면 어디에선가 분명히 균형을 잃게 된다. 그것이 무리한 투자나 오만한 자세로 연결되고 결국은 경영에서 허점으로 드러나게 되는 것이다.

나는 '어떻게 하면 내가 해야 할 사명을 더 잘해낼 수 있나'라고 생각하니까 일 자체, 즉 제품에만 신경을 쓰게 된다. 현장에 들어가도 사소한 것부터 큰 것까지 그냥 보아 넘기질 않는다. 이렇게 하면 더 쉽겠다, 시스템을 이렇게 돌리면 공정이 줄겠다 싶은 것들이 눈에 띈다. 공장을 청결하게 관리할 수 있는 시스템을 만든 것도 내 아이디어에서 시작되었다. 현장을 유심히 관찰하고 청결과 관리에 대해 고심하면서 시스템화한 것이다.

이를 보아 알 수 있듯이 지속적으로 열정을 가져야만 회사를 운영할 수 있다. 열정은 성공에 필요한 원동력이다. 미국 작가 랠프 에머슨

(Ralph W. Emerson)은 "유사 이래로 어떤 위대한 사업도 열정 없이 성공한 경우는 없다"고 했다. 일시적인 열정은 가치가 없다. 지속적인 열정을 지녀야 성공할 수 있다.

5. 인화경영

　나는 평소 기업을 사람에 비유한다. 건강한 사람이 되려면 몸과 마음의 균형을 갖춰야 하듯이 기업도 마찬가지이다. 건강한 기업이 되기 위한 조건이 많지만 나는 다음을 기준으로 삼아왔다.

　우리 회사 사훈은 '화목(인화), 창조(신제품 개발), 신뢰'이다. 세 가지를 강조하는 이유는 이것이 건강한 기업을 만들기 위한 조건이라고 생각하기 때문이다. 사람이 건강하려면 운동도 하고, 편식하지 않고 균형 잡힌 식생활을 하는 등 생활에서 절제가 필요하다. 기업도 마찬가지이다. 우리 회사의 목표는 매출 규모를 어느 정도 늘리느냐에 있는 것이 아니라 건강하고 탄탄하게 꾸려나가느냐에 있다. 기업도 건강하지 않으면 죽게 되어 있다.

　회사 경영의 근본은 인화(人和)에 있다고 믿는다. 연초가 되면 화목할 것을 새롭게 강조하고, 직원들이 모일 수 있는 자리를 만드는 것도 인화의 시작이라고 생각하기 때문이다. 인화는 여러 사람이 서로 화합한다는 뜻이다. 화(和)를 이루려면 자기와 다른 가치를 존중할 수 있어야 한다. 각자가 지닌 차이와 다양성이 존중됨으로써 비로소 평화와 공존이 이루어지고 진정한 발전이 이루어질 수 있는 것이다. 이 뜻을 대표하는 사자성어는 '화기치상'이다.

화기치상(和氣致祥)이란 '온화한 기운이 일어나 상서로운 복록을 이룬다'는 뜻으로, 대립된 음양의 기운이 중화되면 상서(祥瑞)로운 일이 생겨남을 말한다. 화기치상의 유래는 중국 전한의 역사를 기록한 책 「한서」의 유향전이며, 그 안에 다음과 같은 문구가 기록되어 있다.

화기치상(和氣致祥), 화평한 기운은 상서로운 복록을 이루고, 괴기치이(乖氣致災), 사악한 기운(어그러진 기운)은 재앙을 불러온다. 즉, 좋은 일이든 나쁜 일이든 기운이 먼저 뻗친다고 했다.

이 명구는 중국에서 왔지만 우리나라에서도 많이 사용되었는데 율곡 이이(1536~1584)가 선조를 위해 지은 제왕학, 「성학집요(聖學輯要)」에는 "人君能行善政 和氣感乎上 則休祥至焉 多行非道 乖氣感乎上 則災異作焉 / 인군능행선정 화기감호상 즉휴상지언 다행비도 괴기감호상 즉재이작언(임금이 능히 선정을 행하여 화한 기운이 위에 감응하면 아름다운 상서가 이르고, 무도한 일을 많이 행하여 괴이한 기운이 감응되면 재앙이 일어납니다"이라는 글이 있었다.

고산(孤山) 윤선도(尹善道, 1587~1671)의 상소에는 "和氣致祥 乖氣致亂 外寇之興 必因內治之不足／화기치상 괴기치란 외구지흥 필인내치지부족(화기는 상서를 불러오고 괴기는 혼란을 불러오는 법이니 외구가 일어나는 것은 반드시 내치의 부족에서 기인한다)"이라고 했고, 실록(實錄)이나 「승정원일기(承政院日記)」 등에도 '화기치상 괴기치이(和氣致祥 乖氣致異)'로 이변이 따른다'고 했다.

이 말은 국가나 회사, 개인에게 골고루 적용된다는 면에서 매우 의미가 있다고 생각한다. 나는 감사하게도 지금까지 주변에 화기치상의 기운을 갖고 있는 분들을 많이 만났다. 그런 분들의 기운은 온화하며 표정이나 말에서 향기가 난다. 눈으로 볼 수 있거나 실제로 냄새가 나는 것은 아니지만, 말 한마디로 상대방을 세워주고 눈빛으로 따뜻한 위로를 건네는 분들이었다. 그 기운이 서로에게 전달되고 성심을 다해 대하면서 하고자 하는 일도 만족스럽게 진행되곤 했다.

회사에서는 이를 어떻게 이룰 수 있을까. 회사에서 각자의 차이를 인정하고 다양성을 존중한다면 어떤 일이 벌어질까. 어떤 직원은 아침에 일을 시작하는 것이 마음에 들지 않고, 어떤 사람은 상사가 말하는 투가 기분 나빠 일하기 싫고, 또 어떤 경우는 개인적인 일이 있어 집중이 안 된다는 등등 각자의 성향과 불만을 다 수용해야 하는 것인가. 이 상황을 그대로 받아들일 수 없다는 것은 사회생활을 하는 사람이라면 누구든지 알고 있을 것이다. 왜냐하면 공동체는 관계로 구성되기 때문이다.

공자 시대에도 이런 질문이 있었는지 「논어」에 보면 '인간(人間)'의 뜻을 묻는 제자에 따라 공자는 각각 다른 답을 주고 있다. 어질다, 인자하다의 인(仁)은 사람[人]+사람[人], 즉 이인(二人)이라는 뜻이며, 사람과 사람과의 관계로 이해하는 것이다. 이에 더해 사이 간(間) 자는 '관계'를 이야기하는 것으로, 인연을 맺는 것이라고 할 수 있다. 그런 뜻에서 인간을 여러 개인이 더불어 만들어내는 관계망이라는 의미로 풀이할 수 있을 것이다.

사람에게만 '인화'라는 말을 쓸 수 있다. 사람이 화합할 수 있는 가장 좋은 경험은 공동으로 무엇인가를 하거나 이루는 것이라고 생각한다. 그중 가장 친밀한 집단은 가족일 것이다. 가족을 다른 말로 하면 '식구'이다. 즉 함께 밥을 먹는 사람들이라는 뜻인데, 화(和) 자를 풀어 보면 쌀[米]을 함께 먹는[口] 공동체라는 의미가 된다. 나는 우리 회사 직원들이 함께 밥을 먹고 함께 살아갈 수 있는 진정한 식구가 되기를 기대하고 희망한다. 이를 위해서는 회사 업무의 모든 면에서 균형을 이루어야 한다고 생각하며 다음과 같은 내용을 정리하여 액자에 걸어놓았다.

経營目標
"健康한 企業" 만들기

임직원 여러분!

1. 和睦샤 対話를 通한 任職員 가의 疏通
1. 生劃性 向上을 通한 原価 의 節減
1. 범위 品質管理를 通한 不良品 根絶
1. 最上의 서비스를 通한 顧客 의 満足
1. 創造的 思考를 通한 未来 의 設計
1. 社会的 使命을 通한 信頼받는 企業

2015. 1

6. 건강한 기업 만들기

나의 경영 목표는 건강한 기업 만들기이다. 사람이 건강하게 장수하려면 정신과 체력이 뒷받침돼야 하듯 기업 역시 50년, 100년 지속하려면 수많은 조건이 필요하다. 그중 나는 다음의 여섯 가지를 핵심 과제로 삼아 최고의 역량을 기울이고 있다.

1) 화목과 대화로 임직원 간 소통

회사에서 주로 하는 대화는 아무래도 일에 관한 내용이 많다. 직원들 중에는 생산현장에서 뼈가 굵었다고 할 만큼 숙달되고 기술력이 뛰어난 경우가 있다. 반면에 현장은 잘 모르지만 연구와 영업 등 다른 분야에서 업무를 수행하기도 한다. 하지만 이는 따로 떨어져 있는 것이 아니라 회사라는 몸체에 붙어 있는 사지처럼 결국 한 가지 프로세스로 연결된다. 그러므로 디자인과 연구를 하는 동안에도 현장과 서로 소통함으로써 시간과 공간, 비용의 낭비를 줄일 수 있어야 한다.

「순자」의 권학 편에 보면 "積土成山 風雨興焉 積水成淵 蛟龍生焉, 積善成德 而神明自得 聖心備焉 / 적토성산 풍우흥언 적수성연 교룡생

언, 적선성덕 이신명자득 성심비언(반걸음을 못 가면 천 리에 이를 수 없고, 작은 물줄기가 쌓이지 않으면 강과 바다를 만들 수 없다. 준마도 한 번 도약으로 열 보를 갈 수 없고 둔한 말도 열 마리가 끌면 상과가 난다. 어설프게 도끼질을 하면 썩은 나무도 자르지 못하고 정성이 지극하면 돌 위에도 꽃이 핀다)" 이라는 구절이 있다.

흙이 쌓여 산이 되면 바람과 비를 불러일으키고, 물이 괴어 못이 되면 교룡이 살게 된다. 착한 행실이 쌓여 덕을 이루면 일반 사람도 스스로 깨달아 성인의 마음이 갖춰진다. 경제 활동을 하면서 성인(聖人)이 되기는 어렵지만 그렇게 되고자 하는 마음을 놓치지 않도록 항상 유념하여 주위 사람들을 대하고자 노력하고 있다.

혹 일을 하면서 힘들어하는 직원과 대화를 할 때도 "너 일 못하니까 그만둬"라고 한 적이 없다. 본인이 도저히 화합이 안 돼서 더 좋은 데 가겠다고 하면 어쩔 수 없지만, 웬만하면 이야기를 들어주고 긍정적인 면을 찾아내서 화합할 수 있도록 한다. 직원이 애로사항을 얘기하면 내가 겪었던 일을 얘기하거나 인간적인 입장으로 설명하고, 희망적인 이야기를 해서 마음을 풀어준다. 그렇게 해서 화합을 하는 것이지 다른 특별한 방법은 없다. 말에 설득력이 생기려면 행동이 먼저 따라줘야 한다고 생각한다. 지금이야 그렇게 하지 못하지만 예전에는 내가 직접 회사 마당을 쓸고, 화장실 청소도 먼저 나서서 했다.

나는 아무리 악한 사람도 인간적으로 얘기하면 통한다는 확신이 있다. 사람을 일컬을 때 성악설과 성선설로 나누는데 나는 원칙적으로 성악설은 없다고 생각한다. 어떤 아기든지 엄마 배 속에서 나올 때는 착하게 태어난다. 혹 성장하면서 힘든 일을 겪거나 주위 환경이 열악하여 나쁜 성향을 갖게 되었더라도 그 사람의 선한 면을 찾아주면 선하게 바뀔 수 있는 것이다.

사람은 본능적으로 선하고 싶어 한다. 이기적인 면이 더 커 보일 수 있지만 '착한 사람'이란 말을 듣기 싫어하는 사람은 없을 것이다. 예전 코미디 영화를 보면 우락부락한 악한의 팔뚝에 '차카게 살자'라는 말이 새겨 있어 웃음을 자아내고는 했다.

고려대 심리학과 김학진 교수의 주장에 따르면 '인간의 뇌는 살아남기 위해 변화하며, 이타성은 뇌가 선택한 하나의 생존전략'이라고 한다. 그는 사람들이 불우한 이웃에게 기부하고, SNS에서 더 많이 '좋아요'를 받는 데 집착하며, 타인의 호감을 얻기 위해 노력하는 행위의 이면에는 뇌가 숨어 있다고 한다.

나는 현장에서 수많은 직원을 만나왔고, 주위 사람들과도 원활하게 교류했다. 그중 가장 행복할 때는 뭔가 잘 통하고 서로에게 도움이 되고 싶다는 것이 느껴졌을 때이다. 그렇게 본다면 화합이야말로 개인과 조직, 크게 보아서는 인류가 발전하는 최선의 방법일 수 있을 것이다.

2) 생산성 향상으로 원가 절감

생산성을 향상함으로써 얻어지는 효과는 두말할 필요가 없다. 생산성 향상은 업무 전반에 관련된 것이며 모든 부분에 집중해야 한다. 생산성 향상이란 '단위당 생산수량'을 의미하며, 일정시간에 최대 수량을 생산함으로써 생산원가를 절감하는 것을 말한다. 이를 위해서는 적정한 원부자재가 투입되어야 하고, 숙련된 작업자가 필요하며, 나아가 생산시설의 자동화가 선행되어야 한다. 또 엄격하게 품질관리를 해서 불량품 생산을 최소화함으로써 최고의 효율성을 도출할 수 있어야 한다. 이는 바로 기업의 경쟁력과 직결된다.

즉, 원가부터 철저한 생산계획, 생산관리, 분석, 불량 대처방법 등 종합적인 시스템이 필요하다. 비용적인 면에서도 인건비 절감, 회계와 경영에서의 로스 방지, 비품 소모 등 각 항목에 따라 구체적인 계획을 세워야 한다. 이 내용을 근거로 분석한 후 개선 절차·방법·규모 따위를 정리하여 제품 생산에 적용할 수 있어야 할 것이다. 이를 통해 기업의 경비 지출을 축소함으로써 건강한 기업경영 체질을 만들어갈 수 있다.

더군다나 현재 우리나라 근로여건이 주 52시간으로 축소되었으므로 기업 운영은 단위당 생산성을 향상하는 데 더욱 많은 연구와 노력이 필요한 상황이다. 현재 생산방식은 대량생산에서 다품종 소량생산으로 진행되는 경향이 강하다. 이러한 방식의 생산 공정에서는 금형이나 기계 교환 등 준비작업에 많은 시간이 걸린다. 이를 위한 작업으로 효율적인 생산관리, 숙련된 기술, 생산 공정 표준화, 관리비용 절감 등 전체적인 합리화 방안을 실천해야 한다.

3) 엄격한 품질관리로 불량품 근절

생산 공정에서 불량률을 줄이는 것의 중요성은 아무리 강조해도 지나치지 않다. 기술력 향상이라는 말을 뒤집어보면 불량률 축소라는 뜻과 닿아 있다. 불량률이 낮아짐으로써 제품 생산에 대한 비용이 줄고 이것이 원가 절감으로 이어지기 때문이다.

품질관리 활동을 세분화하면, 설계 → 제조 → 검사 → 판매 → 소비자 요구 분석과 서비스로 나눌 수 있다. 기업은 경영상 가장 유리하다고 생각되는 품질을 가장 경제적 제품으로 생산할 수 있어야 한다.

구체적인 기준은 다음과 같다.

① 소비자 수요를 파악하여 가장 적절한 품질의 제품을 합리적인 비용으로 설계(plan)한다.

② 이를 기준으로 작업 표준을 정해서 제조(do)한다.

③ 제조 후 설계한 대로 되었는지 검사(check)하고 판매한다.

④ 소비자의 반응을 파악하고 보완점과 개선점을 파악한 후 개선된 서비스를 행(action)한다.

불량품 근절에 관한 내용은 다음과 같다.

① 예방이 최선이다. 이는 제품 생산의 계획부터 진행, 결과에 이르기까지 발생할 수 있는 불량을 예방·차단하는 것을 말한다. 예방에 철저할수록 문제가 생겼을 때 해결해야 하는 범위도 축소되기 때문에 비용과 시간을 줄일 수 있다. 그러므로 원부재료부터 신중하게 선택해야 한다. 또 모든 생산 공정과 완제품 출고에 이르기까지 모든 생산자와 관리자가 좋은 상품을 개발하겠다는 의지를 발휘할 수 있어야 한다.

② 전문가의 조언을 들을 수 있어야 한다. 불량품을 근절하려면 제

품 생산과 기술에 관한 전문적인 지식과 경력이 있는 부서원의 점검과 조언, 때로는 지시를 수용할 수 있어야 한다. 이처럼 생산부서와 관리부서, 전문영역에 있는 조직원이 협업할 때 조직의 장점이 더욱 강화될 수 있다.

③ 조직원 전체가 회사의 목표를 이해하고 수용할 수 있어야 한다. 직원 각자가 담당하고 있는 영역은 다를 수 있지만 품질, 원가, 수량에 관한 업무가 어떻게 돌아가는지 충분히 이해하고 수행해 나갈 때 더욱 강력한 효과를 얻을 수 있는 것이다.

④ 과학적이고 합리적인 원칙을 적용할 수 있어야 한다. 이에 대한 순서는 문제점 파악 → 사실을 근거로 구체화 → 문제 해결방안 수립 → 실행 → 성과 확인과 피드백 순서 등이다.

품질관리의 대전제는 각 부서 간의 통합과 조정이다. 예를 들어 품질을 강조하고 원가와 납기는 무시한다면 생산에서 차질이 생길 수 있으며, 두 가지 조건이 맞춰지더라도 납기에 맞추지 못한다면 의미가 없게 된다. 따라서 품질관리는 품질, 원가, 납기라는 세 요소를 균형 있게 맞출 수 있도록 조정함으로써 고객만족을 실현할 수 있다.

혹 제품불량이 발생했을 때는 불량의 원인을 파악하고, 개선 가능성을 알아보기 위하여 조사나 시험을 할 수 있어야 한다. 현재 생산하는 품질을 유지하는 것도 중요하지만 문제를 해결하려는 활동도 매우 중요하다. 제대로 품질관리를 했을 때의 효과는 품질 향상, 생산성 향상, 원가절감으로 나타날 수 있다.

실제적인 효과는 다음과 같다.

첫째, 품질 향상이다.

① 생산이 원활하며 제품의 질이 고르고 안정적이다.

② 전 직원이 품질에 대한 인식을 공유함으로써 자신이 생산한 제품에 책임감과 관심이 높아진다.

③ 표준화로 시간과 동선의 안정화를 꾀해 손실 시간을 줄일 수 있다.

둘째, 생산성 향상이다.

① 불량품 감소에 따라 생산량이 증가하고 직원들의 피로도도 낮아진다.

② 고무적인 분위기로 직원의 근무의욕이 상승되어 납기 준수를 용이하게 할 수 있다.

③ 인간관계에서도 편안하고 서로 존중하는 분위기로 근무 중의 스트레스를 줄일 수 있다.

셋째, 원가절감이다.

① 불량품 때문에 발생하는 손실과 재가공, 수리 시간이 감소되어 원가가 절감되고 능률이 향상된다.

② 평소 기계설비를 철저히 관리하고 고장을 예방함으로써 설비고장에 따르는 손실을 최소화한다.

③ 검사와 클레임 처리에 필요한 비용을 절감하는 효과를 얻을 수 있다.

품질관리는 일시적으로 할 수 있는 것이 아니라 지속해서 수행해야 하는 것이다. 궁극적으로는 조직의 체질개선까지 이룰 수 있어야 한다.

4) 최고 · 최상의 서비스로 고객만족 실현

품질관리의 최종 목표는 고객만족이다. 고객은 대기하고 있지 않으며, 좋은 상품으로 새롭게 관계를 만들어가야 하는 존재이다. 그리핀(griffin, 1995)은 대부분 기업에 있어서 판매의 70퍼센트는 재구매에서 나온다고 했다. 그렇게 되려면 고객의 욕구와 상품에 대한 기대를 최대한 만족시켜줄 수 있어야 한다. 고객이 우리 상품을 재구입하는 것이야말로 신뢰감의 표현이라고 할 수 있다. 고객의 신뢰를 잃지 않으려면 정기적이며 지속적으로 고객만족도를 조사하고, 불만족한 점을 신속하게 개선하여 충성고객을 유지할 수 있어야 한다.

고객을 대하는 태도를 보여주는 예로 약 2330년 전 춘추전국시대 진(秦)나라에서 활동한 '의위'라는 상인을 들어보고자 한다. 그가 손님을 대하는 태도는 더할 수 없이 진실하고 정중했으며 어떤 경우라도 변함이 없었다. 의위가 평소에 입버릇처럼 하는 말도 "부모님을 대하듯 손님을 대하라"라는 것이었다. 이것이야말로 올바른 서비스 자세를 보여주는 것이 아닌가 한다.

많은 기업이 고객의 불만을 불편해하고 자주 불만을 나타내는 경우는 트집을 잡는다고 생각하기도 한다. 과연 그럴까를 다시 한번 생각해 봐야 한다. 인간관계가 그렇듯 기대하지 않는 사람은 불만을 표하지 않는다. 지적하고 적극적으로 의사를 표현하는 고객은 적어도 그 회사의 상품을 계속해서 쓰겠다는 생각을 지닌 사람이다. 그러므로 고객의 불만을 적극적으로 받아들일 수 있어야 하며 오히려 환영하는 자세로 귀를 기울여야 한다. 이를 실천하지 않는 기업은 퇴보할 수밖에 없다.

이와 관련한 사례로 '착한 고객'이 기업을 망친다는 주장이 있다. 마이클 르뵈프가 쓴 「세일즈를 지배하는 착한 고객」에 따르면, 일반적으로 기업에 만족하지 못한 고객의 4퍼센트만 그 불만을 이야기한다고 한다. 나머지 96퍼센트는 조용히 떠나고, 이 중 91퍼센트는 다시 돌아오지 않는다. 91퍼센트가 퍼뜨리는 악담이나 불만이 얼마나 무서운지 상상해보면 알 것이다.

나는 최상의 서비스는 고객을 대하는 태도에서 나온다고 생각한다. 이를 실천하는 가장 좋은 태도로 솔직함을 꼽는다. 어떤 회사는 더 많은 이윤을 위해 불리한 정보를 왜곡하거나 노출하지 않는다. 온갖 머리를 쓰고 잔꾀를 부리면 잠시 이득을 볼 수 있으나 결국은 도태될 수밖에 없다. 도태되는 회사는 직원들의 일자리를 빼앗는 것과 마찬가지이다. 일자리가 있는 사회는 안정감이 높고, 가정과 개인의 목표를 이루는 데 큰 역할을 하게 된다. 그러므로 경영자는 회사가 탄탄하게 뿌리내릴 수 있도록 온갖 노력을 아끼지 말아야 한다.

요즘의 시장은 더욱 노출의 정도가 심해졌다. SNS, 유튜브 등 인터넷으로 한나절 만에 온갖 정보가 퍼질 수 있는 환경에 살고 있다. 장기적으로 봤을 때 기업경영은 사명감이 기본이 되어야 한다. 기업의 사명감은 경영의 원동력이며 가장 확실한 방향타이다. 기업의 활력은 경영자와 중간관리자, 생산자에 이르기까지 우리 회사, 내가 만드는 상품이 사회에 이바지하고 있다는 사명을 공유할 때 살아난다.

5) 능동적이고 창의적인 사고로 미래 설계

창의성은 어디서 나올까. 아무 기준 없이 그저 특별한 생각이 창의성일까. 업무에 접목할 수 있는 창의성이란 어떤 것일까. '시장이 왕이다'라는 말이 있다. 여기서 볼 수 있듯 시장을 읽는 것은 사업을 하는 사람의 기본 태도이다.

시장은 끊임없이 변화하는 활화산처럼 역동적이다. 휴화산처럼 보일 때에도 내부에 마그마가 숨겨져 있을 수 있고, 순식간에 예상치 못한 일이 터져 나오기도 한다. 생산자는 소비자의 기호를 예측하여 신상품을 개발할 자유가 있으며, 가장 합리적이고 효율적인 방법으로 생산해내고자 한다. 소비자는 생산자의 상품이 자신의 기호나 필요와 맞으면 언제든지 대가를 지불하고 구입할 수 있다. 그러므로 생산자는 언제나 시장을 주시해야 하고 의욕적으로 신상품 개발에 힘써야 한다. 창의적인 사고가 필요한 신상품 개발 현장에서도 고정관념이나 이전의 성공 경험에 얽매여 새 기준과 유연성을 발휘하지 못하는 경우가 있다.

「한비자(韓非子)」를 보면 원칙과 규범에 매여 있는 사람의 예가 나온다.

정나라에 차치리라는 사람이 있었다. 자기의 발을 본뜨고 그것(탁: 度)을 원래 자리에 두었다. 그러다 시장에 신발을 사러 가면서 탁을 가지고 가는 것을 잊었다. 시장에 도착한 차치리는 신발 가게에서 신발을 손에 들고는 "탁을 가지고 오는 것을 깜박 잊었구나" 하고, 탁을 가지러 집으로 갔다. 그가 탁을 찾아서 다시 시장에 와보니 장은 이미 파하였고 신발도 살 수 없었다. 그 사정을 들은 사람이 기가 막혀 물었다. "어째서 발로 신어보지 않았소?" 그러자 차치리가 답했다. "탁은 믿을 수 있지만 내 발은 믿을 수 없소."

여기서 말하는 '탁'은 책이다. 책은 살아 있는 현상이 아니라 그 내용을 본뜬 것으로, 어떤 기준을 얘기한다. 현재에 사는 사람들도 책이나 인터넷, 신문, 자료 등을 더욱 신뢰하는 경우가 많다. 발을 현실이라고 한다면 우리 역시 신어보고 신발을 사는 사람이 아니라 탁을 가져와서 거기에 맞는 신발을 사는 사람과 다를 것이 없다.

그렇다고 해서 탁이 필요 없는 것은 아니다. 제품을 생산하는 중에도 품질관리나 검사 업무에서 철저하게 기준을 지켜야 하기 때문이다. 제품을 생산하면서 탁의 기준이 없어진다면 표준을 잃게 되고 고객에게 클레임을 받게 될 것이다. 반면 창의적인 사고로 신제품을 개발할 때는 경직되지 않도록 수단이나 활동, 자원을 통틀어 자유로울 수 있어야 한다.

6) 사회적 사명 실현으로 신뢰받는 기업

현대사회는 기업이 창출한 이득을 어떤 방식으로든지 환원할 것을 요구하고 있다. 이 같은 사회 환경에 부응하려면 기업가는 기업을 단순히 돈벌이 수단으로만 볼 것이 아니라 사명감과 소명의식을 갖고 운영할 수 있어야 한다. 사명감이 있을 때와 없을 때 경영자의 사고 패턴과 행동양식은 너무나 다르다.

지금까지 내가 회사를 운영하면서 무겁게 책임감을 느낀 것도 사명감 때문일 것이다. 가족으로서 직원을 생각하고, 그들의 미래를 책임지겠다는 의지가 있지만 아직 미흡하다는 생각이 크다. 이를 실천하려고 노력하는 경영자가 되고자 한다.

10
PART

기업의 사회적 책임

PART 10

1. 기업의 역할

기업도 인간처럼 사회 환경이라는 조건 속에서 생존하고 활동하는 존재이다. 어떤 제품을 생산하든 인간과 깊이 관련되어 있으며 사회, 경제, 의식주, 정치의 변동과 함께하게 되어 있다. 이제 기업은 사회적 책임을 다하지 않으면 안 된다. 우리나라 기업 역시 이 부분에 책임을 느끼고 있으며, 다양한 방법으로 실천하고자 노력하는 분위기이다.

예를 들면 전국경제인연합은 해마다 「사회공헌백서」를 발간하여 해당 기업의 사회활동을 소개한다. 하지만 사회적 책임은 기업경영 활동의 가장 기본 조건인 이윤 추구 활동과 대치되어서는 안 된다.

유럽연합(EU) 집행위원회는 기업의 사회적 책임을 일컬어 '기업이 자발적으로 사업 영역에서 이해관계자의 사회적·환경적 관심사를 수용, 적용함으로써 그들과 지속적으로 상호작용을 이뤄가는 것'이라고 정의했다.

대기업도 그룹 차원에서 CSR활동 부서를 따로 운영하고 있으며, '기업경영 과정에서 사회적·환경적으로 부정적 영향을 미칠 수 있는 위험성을 최소화하는 동시에 사회적으로는 고용과 소비자의 만족, 환경적으로는 에너지, 온실가스 절감, 친환경 제품으로 긍정적 변화를 만드는 것'이라는 기준을 세우고 실천하고 있다.

CSR 리스크 관리 업무의 핵심은 기업경영 과정에서 환경, 노동, 인권 문제 같은 사회 문제들이 생기지 않도록 회사가 관련 기준이나 방침을 제대로 준수하는지 지속적으로 모니터링하는 영역이라고 볼 수 있다.

이를 실현하는 과정은 유한킴벌리의 나무 심기 활동, 두산건설의 무주택자 집 지어주기 프로젝트인 해비타트 등이 있다. 현대모비스는 임원들이 매월 자신의 급여에서 우수리를 모은 금액을 기부하고, 회사가 동일한 금액을 지원해 기금을 모은다. 모은 기금은 교통사고 피해 가정의 자녀에게 학자금으로 지원하고 사랑나눔을 실천하는 방식으로 쓴다. 현대모비스의 활동 중 과학영재를 육성하는 프로젝트는 TV광고로 방영될 정도로 호응을 얻기도 했다.

신발 브랜드 탐스의 '1+1(one for one) 기부' 프로젝트가 있다. 소비자가 신발 한 켤레를 사면 한 켤레가 아프리카 어린이에게 기부되는 방식인데, 매출 향상은 물론 기업, 소비자, 아프리카 어린이 모두에게 좋은 영향을 미치는 결과를 얻을 수 있다.

2. IMF로 본 기업의 사회적 책임

우리나라 기업이 개인의 책임과 경영에서 사회적 책임으로 개념이 확장된 것은 IMF 이후로 분석된다. 1997년은 20년이나 지났는데도 뚜렷한 기억으로 남아 있는 해이다. 그해 11월 21일, 강경식 경제부총리가 특별 기자회견에서 국제통화기금(IMF)에 자금 지원을 요청하기로 공식적으로 결정했다고 발표했다. IMF는 국제 수지를 관리하고 외환위기에 빠진 국가를 지원할 목적으로 1945년 창설된 국제금융기구이다.

동남아시아에서 시작된 금융 위기의 여파로 지불 불능에 빠진 한국 정부는 IMF에 긴급 지원을 요청했고, 자금을 지원하는 조건으로 가혹한 경제 구조조정을 요구했다. 기업 구조조정과 공기업 민영화, 자본시장 추가 개방, 기업의 인수합병 간소화 등이었다. 정부는 어쩔 수 없이 조건을 수락했고, IMF의 관리를 받아 국가 경제를 운영하기로 했다. 나라 빚이 총 1,500억 달러가 넘고 당장이라도 갚아야 할 돈이 엄청난데, 우리나라가 보유한 외화는 40억 달러에도 미치지 못한 상태였다.

이를 해결하려고 실시한 것이 '금 모으기'였다. 10만여 명이 넘는 국민이 집 안에 있던 금붙이를 들고 나와 팔기에 바빴다. 그 결과 단기간에 금을 대량으로 모았고, 그 덕분에 적지 않은 외환을 확보할 수 있었다.

김대중은 대통령에 취임하기 전부터 대국민 호소를 통해 금 모으기 운동을 했고, 취임 후에는 노동자와 기업인 대표를 불러 모아 경제 위기를 극복할 방안을 짜냈다. 외국인 투자자를 끌어들이고 수출을 늘려 무역수지를 개선할 수 있는 방안을 찾았다. 그렇게 외환 보유액이 조금씩 늘어났고 2001년에는 마지막으로 남아 있던 IMF 자금을 갚았다. 그제야 비로소 IMF의 간섭에서도 완전히 벗어날 수 있었다.

때마침 2002년에는 한·일 월드컵이 열렸다. 한국인은 월드컵 4강 진출이라는 신화에 자부심이 높아졌으며, 한류 열풍이 아시아를 넘어 유럽까지 확대되어 한국의 대중문화가 세계인의 주목을 받는 계기가 되었다.

하지만 IMF의 후폭풍은 만만치 않았다. IMF가 돈을 빌려주는 대가로 요구한 수많은 조치 때문이었다. 기업 활동이 전보다 자유로워졌고, 외국 자본이 국내 기업이나 부동산을 더 쉽게 사들일 수 있게 되었다. 기업이 노동자의 해고를 더 자유롭게 하는 조치, 노동조합의 힘을 약화시키는 조치도 시행되었다. 은행 이자율을 크게 올림으로써 외국의 거대 금융 자본이나 나라 안팎의 대기업과 개인 부자들은 큰돈을 벌어들였다.

하지만 기업경영 환경이 좋아진 것은 아니었다. 계산상으로는 이익을 내면서도 높은 이자를 감당할 수 없어 망하는 중소기업과 자영업자가 줄을 이었다. 많은 회사가 문을 닫았고, 우수한 기업들이 헐값에 외국 자본가들의 손으로 넘어갔다. 또 노동자 해고가 쉬워지고 정규직 대신 비정규직 노동자가 크게 늘어나 고용이 불안정해졌다. 소비 촉진 정책을 위해 카드 발급과 사용을 크게 늘리면서 카드 빚을 갚지 못하는 신용 불량자도 늘어나 카드 대란의 원인이 되기도 했다.

IMF 사태 전에는 대학을 졸업하면 대부분 일자리를 찾았지만 졸업장을 갖고도 갈 데가 없어 청년 실업자 수가 그 어느 때보다도 빠르게 늘었다. 많은 사람이 정리해고로 직장을 잃었으며, 청년들은 일자리를 구하기가 어려워졌다. 노숙자가 급격히 늘어나고 붕괴된 가정의 우울한 군상들이 곳곳에서 나타났다.

3. 기업의 경쟁력

　IMF 때 중소기업이 많이 도산해서인지 언제부턴가 규모가 작은 기업은 약자로 취급하는, 혹은 스스로 그렇게 생각하는 면이 있는 듯하다. 사회적인 시선이나 대기업의 의식도 일부분 있을 것으로 보는데, 이는 기업이 성장하는 데 건강하지 않은 토양이 된다고 생각한다. 그렇다 보니 중소기업은 자기가 설정해놓은 작은 프레임에서 벗어나지 못하고, 기관의 도움과 보호를 당연한 것으로 생각하게 된다. 이 생각이 주는 가장 큰 폐해는 기업이 갖고 있는 장점과 크기를 인식하지 못하고 작은 것으로 만족하게 되는 것이다.

　이와 관련한 예로 비단잉어의 한 종류인 코이(koi)라는 물고기가 있다. 코이는 어항에 넣어두면 5~8센티미터 정도 자라고, 수족관이나 연못에서는 15~25센티미터, 바다로 가면 90~120센티미터까지 성장한다고 한다. 어떤 물에서 사느냐에 따라 몸집의 크기가 달라지는 것을 본 사람들은 일명 '코이의 법칙'이라는 이름을 붙여주었다.

　사람과 기업도 마찬가지이다. 주변 환경과 생각의 크기에 따라 자신이 발휘할 수 있는 능력과 꿈의 크기가 크게 달라질 수 있다. 경영자의 크기가 직원의 크기를 결정하는 것처럼, 경영자가 갖고 있는 마인드가 회사 경영과 발전에 대한 비전을 결정할 수 있다. 정부와 기업, 대기업과 소기업의 관계도 마찬가지이다.

어떤 경영자는 "대기업이 되니 중소기업 시절에 받았던 혜택이 끊기고 부담이 몇 배로 늘었다"는 불만을 나타내기도 한다. 물론 단기간에 성장하여 부담이 커졌다면 위기감을 느끼고 충격을 받을 수도 있을 것이다. 그러나 역으로 생각해보면 이전까지는 회사의 경쟁력이 아니라 지원과 혜택 때문에 유지할 수 있었다는 점을 알 수 있다. 그 사실을 알게 되었다면 규모를 무리하게 확장하지 말고 강소기업으로서 살아남을 수 있도록 내실을 기하는 계기로 삼으면 된다. 그다음에는 소기업이 갖고 있는 약자로서의 의식을 버리고 사회적 책임을 실천할 수 있는 역할을 해야 한다.

어항 속 코이처럼 소기업으로 만족할 것인가, 바닷속 코이처럼 글로벌 경쟁력을 가진 큰 기업으로 성장할 것인가는 일차적으로 경영자의 의식과 꿈의 크기에 영향을 받는다. 이 능력이 실제 기업 활동으로 연결되려면 적절한 환경이 제공돼야 한다. 정책적으로도 성장하고자 하는 기업을 적극 지원하며 필요 없는 규제는 과감히 풀어 여건과 환경을 최대한 보장해주어야 할 것이다.

또 한 가지는 노사 관계를 양분법적인 사고로만 계산해 강자인 기업과 약자인 노동자로 나누어 지나친 노동자 권익 우선주의로 처리하는 방식이 만연한데, 이 또한 위험하다. 경영 또한 글로벌 시대에 맞게 치열한 경쟁 속에서 장을 넓히고 상생하는 시스템이 필요하다.

4. 펌텍코리아와 IPO

펌텍코리아도 현재 IPO(Initial Public Offering)를 준비하고 있다. 최근 벤처기업의 주식 공개가 늘어나며 IPO가 투자회수 측면에서만 인식되는 경향이 있다. 기업의 입장에서는 영업에 따르는 자금조달 시간이 오래 걸리는 데 비해 주식시장에서 자금을 마련하는 것이 더 쉬우므로 상장하려는 목표가 있다.

벤처기업의 경우에는 창업 후 수년 안에 코스닥 상장이 가능한데, 초기에 사업 모델을 설계하고 주식시장에서 검증을 받은 뒤 본격적으로 사업을 벌인다는 의미도 갖고 있다. 주식시장의 성향으로 볼 때 일반적으로 회사가 탄탄하고 수익성이 높으면 기업 공개를 꺼리는 분위기가 있다. 굳이 다른 투자자와 이익을 나눌 필요가 있을까 하는 이유 때문일 것이다. 또 IPO를 하고 싶어도 자격 조건이 안 돼서 못 하기도 한다.

나는 '아무나 와서 장부를 보자고 해도 떳떳하게 내놓을 수 있는 회사'로 불릴 정도로 투명·윤리 경영을 실천하고자 노력해왔다. 어떤 상황에서든 원칙을 흐트리지 않고 부국티엔씨(주)와 펌텍코리아 두 회사의 모든 거래를 투명하고 정상적으로 수행했다. 이처럼 철저한 경영과 성실한 세금납부로 2003년 4월 제37회 납세자의 날 행사에서 성실 납세사업장 선정과 수상에 이어, 2005년 3월에는 경기도지사 모범경제인상, 2018년에는 산업포상을 수상했다.

나는 상을 받는 것에 큰 가치를 두지 않는다. 왜냐하면 성실한 세금 납부는 경영자로서 의무이자 권리로서 국가 경제의 발전에 이바지한다는 확실한 가치관을 갖고 있기 때문이다. 이익이 남았을 때도 많은 비중을 재투자에 할애하고, 직원 성과급과 주주배당을 하는 등 공정한 경영이 되도록 기준을 삼고 있다.

5. 장기적 목표

펌텍코리아도 자금조달이라는 목적으로 본다면 상장을 서두를 필요가 없는 경우이다. 나는 IPO 자체보다도 회사가 갖고 있는 충실성에 더 집중한다. 내가 펌텍코리아의 IPO를 결심한 이유는 기업의 사명 중 하나인 이익분배, 즉 공익성을 실천하려는 바람이 있기 때문이다.

IPO를 한 후 우리 회사가 이익을 많이 남기면 주주들에게 주식을 더 줄 수도 있고 배당도 하게 된다. 경영도 투명성이 더 강해지고 모든 실적이 공개될 것이다. 이 부분은 IPO 전과 달라질 것이 없는 게 원래 이 부분에는 철두철미하기 때문이다. 우리 회사는 매년 국가가 지정하는 회계법인에 세무 감사를 맡겨왔다.

어떤 회사는 IPO를 준비하면서 평년보다 이익이 많이 날 수 있는 구조로 만들고 그 자료를 근거로 상장을 한다. 그렇게 해서 주가를 올린 다음 투자자에게 비싸게 팔아 수익을 챙기는 식으로 빠져나가는 것이다. 그 손해는 회사를 믿고 주식을 산 소액주주들에게 고스란히 돌아가게 된다.

펌텍코리아는 상장이 되기 전이나 후나 최선을 다해 기대 수익률을 유지하려고 노력할 것이다. 이것이야말로 기업의 책임이자 사회적 사명을 실천하는 길이라고 생각하기 때문이다. 기업을 운영하는 입장에서는 상장 후 외부감사도 엄격해지고 개방되기 때문에 투명성이 더 강해진다고 볼 수 있다. 개인으로 할 때보다 부담이 더 있겠지만 애초에 정직하게 처리하면 아무 문제가 없다고 생각한다.

직원들에게도 자사주가 배당되므로 더욱 큰 책임감을 느낀다. 적어도 자신이 다니는 회사의 주식에서 손해를 입으면 안 되니까 신경 써서 관리하고 경영하게 되는 것이다. 직원들도 본인이 일하는 만큼 이익으로 돌아온다는 확신이 있으면 주인의식도 커지고 열심도 더해질 것이라고 생각한다. 투자의 결실에 따라 직원들에게 정규 상여금 외에 별도로 성과급을 지급함으로써 기업의 사회적 사명을 착실히 실현해나가고자 한다. 이처럼 회사의 성장이 직원에게 직접적인 도움이 되는 것도 사회공헌활동의 하나라고 확신하기 때문이다.

내가 생각하는 경영의 장기적 목표는 '토털 패키지 컴퍼니'로 도약하는 것이다. 부국티엔씨(주)와 펌텍코리아가 생산하는 제품의 특징을 살려서 의약품·화장품·생활용품 용기를 일괄적으로 취급하는 종합 포장용기회사로 발전시키고자 한다. 내가 이루고자 하는 모델은 유럽 제조회사 시스템이며, 이를 한국의 실정에 맞게 적용하고자 한다.

유럽은 한 회사가 여러 용기업체를 직접 거느리고 생산하거나 세계적으로 우수한 업체를 찾아 필요한 용기를 발주하고 관리함으로써 브랜드의 모든 용기 수요를 충족시키는 시스템으로 운영하는 회사가 많다. 이 시스템의 장점은 전문성과 비용 절감이며, 운영 시 가장 효율적이고 능률적인 효과를 낼 수 있으리라 기대한다. 이를 통해 우리 회사의 성장은 물론 나라 경제의 발전과 성장에도 기여하는 것이 장기적인 목표이자 비전이다.

PART

청년들이여,
사업을
꿈꾸는 자가 되어라

PART 11

1. 청년과 사업

어린 시절 내 삶의 방향을 잡아준 말이 있다.

"안전한 항구를 떠나 항해하라. 당신의 돛에 무역품을 가득 담아라. 탐험하라. 꿈꾸라. 발견하라."

- 마크 트웨인

마크 트웨인(Mark Twain)이 쓴 「톰 소여의 모험」을 읽고 난 다음이라 서였을까. 이 말은 그 어떤 명언이나 구호보다 강렬하게 다가왔다. 그 때 기억이 내가 편안하고 안정된 직장을 포기하고 사업을 시작한 동기 가 되었을지 모른다는 생각을 종종 한다.

현재 청년 사업은 국가별 또는 경제 수준별로 차이점을 드러낸다.

청년 사업 사례를 알아본 결과, 사업 의지는 안정된 나라일수록 낮고 멕시코, 아르헨티나, 러시아, 헝가리 등 개발도상국이나 경제 신흥국이 높았다. 그 이유는 고용시장과 금융시장이 덜 발달되어 있고, 실업률이 높은 편이며, 이를 타개하는 방법으로 개인적인 경력을 쌓겠다는 의식이 사업 의지로 나타나기 때문인 듯하다. 반면 일본, 독일, 스위스, 오스트리아 등 선진국은 상대적으로 사업 의사가 낮다. 그런 면에서는 우리나라도 선진국의 형태를 닮아 있다고 생각한다.

최근 우리나라 사회에서 '열정 페이'라는 말이 유행했다. 이 말은 최소 임금으로 회사에 공헌하는 것을 뜻하는데, 업무 대비 임금이 너무 낮아서 일할 의욕을 떨어뜨리는 경우가 생기기도 했다. 그렇다 보니 공무원을 지향하는 숫자가 늘어나는 추세이고 사업을 하려는 의지도 약해졌다.

우리나라 청년들의 성실성은 세계 제일 수준이라고 해도 과언이 아니다. 이들이 새로운 부를 창조할 수 있는 사업 의지를 꺾고 주로 관리 차원에 머무는 직업을 선택하는 것은 인력 낭비이자 국가의 장래를 약화시키는 원인이 될 것이다. 사업 의지 저하는 전 세계 평균적으로 청년들의 도전 역량 하락으로 이어진다.

2. 청년 실업과 니트족

뉴스를 보면 언제부턴가 '니트족'이라는 말이 들어와 쓰이는 것을 알 수 있다. 그런데 우리나라에 니트족이라는 말이 본격적으로 쓰이기 시작한 지 벌써 10년이 넘었다.

니트(NEET)족은 'Not in Education, Employment or Training(학교도 다니지 않고 직업훈련도 받지 않는 청년 무직자)'의 줄임말인데, 현재 일하고 있지 않지만, 앞으로도 일할 생각이나 의지가 없는 청년 무직자를 뜻한다. 이는 우리나라만의 문제가 아니어서 2012년 기준 그리스와 스페인의 사례로 볼 때 청년 실업자가 전체 고용 가능자의 반을 차지했다. 유럽의 청년실업률은 2008년 이후로 60퍼센트나 증가해서 고용 자격을 갖춘 청년의 4분의 1이 실업 상태라고 한다.

니트족은 일하고 싶은데 직업을 구하지 못한 실업자나 불안정한 아르바이트로 생활하는 사람들과는 다르다. 일본의 경우는 '니트', '프리터', '히키코모리' 등으로 불렸으며, '게으른 청년들'을 상징하는 표현이 되었다. 더 나아가 여러 해 동안 아무하고도 말하지 않는 사람, 기이하고 특이하며 자기 세계 속에 사는 사람, 인터넷과 게임에 빠져 아무

것도 하지 않는 사람이라는 의미까지 확장되었다. 우리나라 역시 고용 환경이 악화되어 취업을 포기하는 청년 실업자가 늘어나면서 니트족이 증가했고, 사회 불안을 유발하는 병리현상 가운데 하나가 되고 있다.

하지만 이 현상은 전 세계적인 문제로, 청년을 위한 양질의 일자리 부족이 심각한 상황으로 보인다. 경제 위기는 불안정한 청년 취업을 가속화시켰다. 기업이 기대하는 인재상도 변화하여 더 창의적이며 진취적이고 유연하며 혁신적이기를 요구하고 있다. 이전의 사고에 고정된 사람들이 관리직과 공무원, 의사, 교사 등 안정적인 직업을 선호하는 반면, 사업에 대한 구체적인 희망을 실천하고자 새로운 교육을 준비하는 추세이기도 하다.

청년 실업 문제를 해결하고자 나라별로 활발하게 대책을 마련하고 있는 것으로 보인다. 장기 불황을 겪은 일본은 정부 차원에서 고용 및 교육 전문가들로 협력체를 구성하여 취업을 지원하고 있다. 소득이 없는 니트족이 많아질수록 소비도 저하되고 경제 성장잠재력이 떨어질 수밖에 없기 때문이다.

일본 정부에서는 이를 해결할 방안으로 먼저 청년 실업자의 상황을 정확히 파악하고자 노력했다. 구인활동을 하지 않는다는 이유로 게으르고 의욕부진에 악착같은 근성이 없다고 비난하던 것에서 실제로 그런가를 질문하기 시작한 것이다. 그 결과 문제를 인식하게 되었고 해결하려는 첫걸음이 시작되었다. 그 내용을 근거로 국가 차원에서 기업과 정부에서 교육활동의 접근성을 높이고 직장과 긴밀하게 연계하여 취업률을 높일 정책을 마련하게 된 것이다.

일본 정부가 직접 니트족을 만나고 조사하면서 알게 된 점은 청년들이 실업이라는 난관을 벗어나고자 발버둥치고 있다는 사실이었다. 이처럼 정확한 조사만으로도 그들을 향한 시선이 '한심하다'에서 '도움을 줄 대상'으로 달라졌음은 물론이다.

3. 우리나라 청년들의 실상

내 생각에도 우리나라 청년들 역시 선진국 혹은 일본과 다르지 않은 상황이라는 생각이 든다. 더욱 안타까운 점은 청년들이 새롭게 도전하려는 패기를 잃고 있다는 것이다. 현실적으로 가능성이 없어 보여도 오직 안전하고 안정된 직장을 찾겠다는 희망만은 여전한 것 같다.

2019년 9급 공무원 시험 경쟁률이 약 39.2대1이라고 한다. 예전에는 독학으로 시험을 준비하는 경우가 많았지만, 지금의 거의 동영상 강의나 학원에서 '족집게 강의'를 듣는 추세이다. 대학을 졸업하고서도 부모에게 손을 벌려야 하는 수험생들의 난처함과 미안함은 두말할 필요도 없을 것이다. 그런데도 낙방하는 수는 점점 더 늘어나고 있으며 그만큼 좌절하는 수험생이 증가한다. 합격자 발표 후 끝내 비극적인 선택을 했다는 기사를 보면서 나 역시 부모로서 말할 수 없을 만큼 안타까움을 느꼈다.

그나마 다행이라고 볼 수 있는 것은 조금씩 직업 선호도가 바뀌고 있는 점이다. 2018년 초등학생들의 희망직업은 좀 더 다양해서 운동선수가 1위이고, 교사와 의사, 인터넷 방송 진행자가 그 뒤를 따른다고 한다. 중 · 고등학생은 교사가 부동의 1위이고, 간호사 · 의사 등이 희망직업으로 나와 있다.

'먹고사는' 문제, '안정'이라는 희망이 나라를 지배하고 있다고 해도 과언이 아닌 결과이다. 사실 누구든 이 문제를 간단하게 볼 수는 없을 것이다. 살아 있는 존재가 생존하고자 하는 욕구는 가장 기본이기 때문이다. 이 외에도 청년 실업의 위기는 다양하고 복잡하며, 부모 세대의 가치관과도 연결된 것으로 보인다.

4. 현장의 인력 상황

부국티엔씨(주) 용인공장을 예로 들어보자. 공장 인력의 대부분은 우리나라 주부들과 30~40대 남자, 외국인 근로자가 차지한다. 나는 외국인들도 우리나라 사람들과 임금 차이를 두지 않고 같은 조건으로 지급하고 있다. 우리 회사에서 일하는 해외 근로자의 대부분은 스리랑카, 방글라데시, 베트남 등지에서 코리언드림을 꿈꾸고 온 이들이다. 이들은 무척 성실하고 돈을 벌겠다는 목표와 금액도 확실하다.

우리 회사에서 근무하는 해외 근로자들은 임금과 수당을 합하여 월 평균 300만 원 이상이며, 연봉 4,000만 원이 넘는 경우도 있다. 2년 정도 꾸준히 일하면 본국에 집이나 가게를 사놓을 수 있고 몇 년 더 일해서 사업 밑천을 만들어 귀국하겠다는 꿈을 갖고 있다. 목표가 뚜렷하니 인내심이 있고, 미래를 예상할 수 있으므로 희망적일 수밖에 없다. 반면에 우리나라 청년들은 생산 현장에서 찾아보기가 어렵다.

문제는 생산 현장에서 일하기에는 전반적으로 학력이 지나치게 높다. 우리나라 부모의 교육열은 대단하다. 아이가 태어나면서부터 '대학'을 목표로 모든 것을 투자하고 매진한다. 아이의 적성이 무엇인지,

공부 외에 다른 길이 있는지 판단할 여력은 그리 보이질 않는다.

이는 1970년대 우리나라 산업사회에서 영향을 받은 것이기도 하다. 지금 청년 세대의 부모는 소위 '블루칼라'와 '화이트칼라'로 대비되는 직업 공식에 익숙한 세대들이다. 화이트칼라로 살았다면 내 자식은 적어도 그 안에 속해 있어야 한다는 기준이 있다. 그 막연한 기준이 과열 교육과 경쟁으로 이어지고 대학을 목표로 달려가게 만든다.

고학력자를 양산하기 쉬운 이유 중 하나는 대학이 지나치게 많다는 것이다. 2002년부터 대학 입학 나이인 18세 인구 전체보다 대학 입학 정원이 더 많아지고 있다. 현재 우리나라 출산율은 선진국들보다 낮은 수준이다. 그 영향으로 청년층이 줄어들어 대학 입학 나이인 18~21세 인구는 1990년 366만 명에서 2010년 267만 명으로 거의 100만 명가량 감소했고, 2030년에는 180만 명으로 감소하리라 예상된다. 대학에 대한 개념도 독일과 스위스처럼 학문을 하고자 하는 사람과 취업을 하려는 사람을 구별해서 교육하는 방식으로 바뀌어야 할 것이다.

정치권에서는 연구전담 기관까지 대학으로 전환해 광주과학기술원, 대구과학기술원, 울산과학기술대학교를 설립하는 등 대학 수를 늘리기까지 했다. 2년제 전문대를 4년제 대학으로 승격한 경우도 많아졌다. 그렇게 '일단' 대학에 입학한 학생들이 짧게는 2년, 길게는 4년 넘게 취업이라는 목표를 바라보며 시간을 보낸다.

20대 중반, 군 복무를 끝내면 서른이 다 되도록 주변 한번 제대로 살펴볼 수 없었던 '성인 아이'는 갑자기 취업이라는 전선에 내몰리게 된다. 그들이 무슨 판단과 선택을 할 수 있을까. 수도 없는 실패 끝에 폴리텍대학에 들어가 새롭게 취업을 준비하는 경우는 그나마 나은 편이다. 하지만 길을 찾는 데 낭비한 시간과 물질, 좌절감은 보이지 않는 손실이라고 생각한다.

5. 구인과 구직 사이

　현장에서 느끼는 문제점은 취업 지원자와 고용자가 원하는 조건의 불일치가 크다는 점이다. 그러므로 기업은 "쓸 만한 인재가 없다"고 한탄하고, 청년은 "마땅히 갈 만한 직장이 없다"고 불만을 표하는 것이다. 문제는 청년 실업을 해결하려면 '일자리 수를 늘리면 된다' 는 식으로 단순하게 해결책을 제시할 수는 없다는 것이다. 예를 들어 비어 있는 자리에 블록을 끼워 넣듯이 무차별로 일자리에 구직자를 배치한다면 취업률은 급강세를 보일 것이다.

　그러나 우리나라 청년의 대학진학률은 70퍼센트를 넘는다. 그들은 자신들이 받은 교육과 투자해온 것에 합당한 양질의 일자리를 원한다. 이름만 대면 알 만한 회사, 급여와 복지가 만족스러운 회사, 자신의 능력을 알아줄 만한 회사가 그 기준이다. 하지만 그들의 눈높이에 맞는 양질의 회사는 한정되어 있다. 구직자들은 마음에 드는 직장을 구하겠다는 생각이 있기 때문에 정 급하면 아르바이트나 임시직으로 근무하더라도 희망하는 회사에 목숨을 건다. 구직자들의 이동률이 높은 이유를 여기서 찾을 수 있다.

기업을 경영하는 입장에서는 어떤가. 고등학교나 대학을 졸업하고 입사한 경우 바로 업무에 투입될 수 있는 여건과 자격을 갖춘 경우는 거의 없다고 해도 틀린 말이 아니다. 신입사원이 들어오면 회사의 업무를 설명하고 훈련하는 데 평균 6개월 넘게 걸리고 직원으로서 역할을 제대로 수행하는 데는 2년이라는 기간이 필요하다. 이처럼 학교 교육은 현장에서 원하는 내용과 차이가 크다.

산업체와 경제 상황은 하루가 다르게 변하고 있는데 교육 시스템은 낡은 상태에서 변화를 이루어내지 못한다. 교육계와 산업계가 긴밀하게 소통하여 필요한 부분에 효율성을 발휘해야 하는데도 교육 따로, 현장 따로 가는 경우가 많기 때문이다. 이는 개인이 갖춘 기술과 자격이 정작 현장에서는 부족하다는 것을 보여주는 예이다.

기업이 원하는 인재상이 의사소통과 팀워크, 문제 해결 능력이라면 이는 한 번에 되는 것이 아니라 오랫동안 훈련되어야 할 내용이기도 하다. 물론 사람 중에는 조직에 맞지 않는 성향인 사람도 있고 자발적인 의지로 가치 있는 성과를 이루는 데 흥미를 갖는 경우도 있다. 그들은 창의성이 뛰어나고 사업가적 기질이 있으며, 정해진 틀에 따르기보다는 스스로 계획하여 전략적으로 실천하길 좋아한다.

6. 청년과 사업

나는 창의적이고 활발한 성격을 지닌 청년들에게 조금만 더 시야를 넓혀보라고 권하고 싶다. 경영은 아주 작은 것에서 시작할 수 있고, 젊을수록 순발력과 행동할 수 있는 범위가 높기 때문이다. 우리나라 현실로 보자면 청년들의 성공신화와 사업에 관한 이야기를 듣기가 어려워지고 있는 상황이다. 청년들이 사업을 두려워하는 이유는 무엇일까. 나는 그 이유를 경험 부재에서 꼽는다.

사업은 아주 복잡하고 미묘한 속성을 지니고 있으며, 다중적인 사고로 접근하지 않으면 순식간에 망하는 위험한 일이기도 하다. 반면, 새로운 기회와 경험을 쌓을 수 있는 면에서는 그 어떤 것보다 열린 기회를 품고 있는 직업이기도 하다. 사실 사업이 두려운 이유는 자신이 선택하고 실행해야 하는 면에서 책임을 져야 하는 속성을 갖고 있기 때문이다. 그러고 보면 청년들이 사업을 두려워하는 이유가 교육과도 상관이 있어 보인다.

우리나라 아이들이 경제 개념을 처음으로 갖게 되는 때는 언제일까? 안타깝게도 우리나라의 자녀 경제교육은 거의 부재 상태나 마찬가지이다. 이는 문화와도 관련이 있어 마음으로는 돈에 대한 욕심이 강하지만 안 그런 척하는 유교 문화 혹은 점잖지 못하다는 생각 때문이기도 하다. 그러므로 아이들과 함께 돈을 어떻게 벌지, 어떻게 써야 할지 얘기하는 것을 꺼리게 된다. 안타깝게도 부모가 자녀에게 가장 많이 하는 말은 "너는 공부만 열심히 하면 돼"이다.

소비생활도 그렇다. 유치원까지는 주로 부모가 다 챙겨주고, 초등학교 때 역시 아이들이 필요하다고 하면 바로 사주는 경우가 많다. 중·고등학생의 소비는 좀 더 선택권이 넓어지고 금액이 커진다. 브랜드를 고르면 부모가 사주거나 함께 쇼핑한다. 모든 혜택은 당연한 것이고, 용돈을 벌어 쓰거나 집에서 구성원으로서 역할은 실행하지 않아도 되는 분위기이다. 고등학교를 졸업하면 나이로는 성인이지만 실제로 경제생활이든 감각이든 키울 기회가 거의 없어 보인다. 이처럼 투자와 사업, 영업 등을 경험하거나 배워본 적이 없으니 당연히 사업을 꿈꾸기가 어려워지는 것이다.

1) 경영인에 대한 정서

조선조 백성들이 직업을 논할 때 '농공행상'의 순서로 알 수 있듯 상업을 천시해온 것이 뿌리가 되었을까, 우리나라는 반기업 정서가 널리 퍼져 있다. 재벌은 개혁의 대상이고 부패의 온상이며 정치권과 유착하여 뇌물을 주고받고 이득을 취하며 성장한다는 이미지도 있다. 아래로는 하청업체에 무리한 조건을 요구하고 말을 듣지 않으면 일감을 주지 않는 등 비인간적인 행위를 한다는 비판도 끊이지 않는다.

그런데도 기업은 우리나라를 경제 대국으로 끌어올리는 데 혁혁한 공을 세웠으며 OECD에 가입하는 역량도 발휘했다. 우리나라가 여기에 오기까지 기업이 중대한 역할을 했다는 사실을 인정해야 한다. 사업주가 오직 도전정신으로 미래를 개척해왔다는 용기와 혜안도 존중해야 한다.

2) 캐머런 헤럴드의 사업 인자 키우기

우리나라와 반대 사례로 캐머런 헤럴드(Cameron Herold)라는 사람이 있다. 그의 부모는 직장이 아니라 사업가로서 꿈꾸게 했다. 사람들이 버리는 철제 옷걸이를 모아 세탁소에 갖다 팔면 돈을 벌 수 있다는 생각을 실천한 것은 일곱 살 때였다. 익숙한 말이지만 '물고기를 주지 말고 물고기 잡는 법을 알려주라'는 것을 그의 부모가 실천한 것이다. 그의 남매는 모두 사업가가 되었다.

그는 일종의 재능 기부 강의인 TED(Technology Entertainment Design)에서 왜 우리가 어린이들을 사업가로 키워야 하는지, 그 방법은 무엇인지에 관해 확실한 근거를 들어 설명했다. 그가 강조한 내용은 어린이들이 학교에서 배운 내용이 이론에 그치지 않도록 현실의 삶과 연계할 수 있어야 한다는 것이었다.

예를 들어 수학은 재무제표 작성, 작문은 사업계획서 작성, 연극 수업은 발표하고 설득하는 능력과 연결되는 것이다. 창의성을 키우는 방법도 단순하다. 캐머런은 매일 밤 자기 전에 동화를 들려주는 데 그치지 않고 6일 중 2일은 아이들이 이야기를 만들어내게 했다. 즉, 새로운 주제나 단어, 방에 있는 아무 물건이나 서너 가지를 활용해 돌아가면서 이야기를 지어내게 하는 것이다.

또 아이들이 재미있게 금융 이해도를 높일 기회를 제공하는 것도 중요하다고 했다. 골목에 레모네이드 가판대를 열든, 벼룩시장에서 중고 물건을 팔든, 아니면 회사를 직접 차리든 상관없이 버는 과정 자체가 의미 있다는 것이었다. 이 과정이 중요한 것은 새롭게 시작할 때 겪게 되는 두려움을 극복하고 나이와 성별에 상관없이 적극적으로 대화할 기회를 열어주기 때문이다. 이처럼 다양한 경험과 성공, 실패를 경험함으로써 자신의 적성과 능력을 찾고 일찌감치 사업 감각을 익히게 되는 것이다.

3) 유대인의 사업

우리나라의 부모들은 대부분 자녀들이 공부 열심히 해서 좋은 직장에 들어가고 퇴직할 때까지 근무하다가 정년퇴직하여 연금을 타는 삶을 최고의 희망으로 꼽는다. 지금까지 안전하게 키워왔듯이 늙어 죽을 때까지 안전한 화원에서 보호받기를 바란다. 요컨대 황량한 들판 같은 시장에 자식을 내놓지 않고 싶은 것이다.

하지만 유대인들은 어릴 때부터 뼛속 깊이 경제 감각을 갖고 살아간다. 어린 시절부터 불로소득은 없다는 것을 가르친다. 아주 작은 일이라도 가족을 위해서 했다면 적절한 보상이 돌아간다. 설거지를 하면 100원, 잔디를 깎으면 500원, 요리를 도우면 300원, 이런 식으로 금액을 정해놓는다.

자기 일, 즉 자기 침대를 정리하거나 장난감을 제자리에 두는 것은 일에 속하지 않는다. 당연히 해야 할 일을 했기 때문이다. 이렇게 세밀하게 기준을 나누고 실천하다 보면 자연스럽게 노동의 개념이 잡히고, 그냥 받는 것에 대해 적어도 감사한 마음을 갖게 된다. 또 자선활동이 필수로 되어 있다.

유대인들은 돈을 버는 방법보다 돈을 쓰는 방법을 먼저 가르친다. 유대인들의 전통 중에 '성인식'이 있다. '미쯔바'라고 부르는데, 초등학교를 졸업할 때쯤 친척들이 모여 축의금을 내며 성장한 것을 축하한다. 보통 200명 내외로 참여하는데 그들이 낸 돈에 친척이나 부모가 돈을 보태서 5,000만 원 정도 되는 종잣돈을 만들게 된다. 물론 그 돈의 주인은 성인식을 하는 아이이다. 그 아이는 대학을 졸업할 때까지 약 10년간 그 돈을 운용할 수 있으며 손실이 나든지 이익이 나든지 자신이 책임지게 된다.

유대인과는 다른 방식이지만 아메리칸 인디언 중에도 성인식을 치르는 경우가 많다. 아프리카 일부 원주민들은 소년에서 성인이 되려면 위험한 사자 사냥에 참가하거나 불개미 굴에서 물리면서 그 고통을 참아내야 한다고 생각했다. 이들에게도 경제 교육이 있어 성인이 되려는 아이들을 옥수수밭 가운데로 지나가게 하면서 가장 크고 잘 여문 옥수수를 고르라고 한다. 단, 조건은 지나간 길은 다시 돌아갈 수 없다는 것이다. 아이는 그 과정에서 속도를 익히게 된다. 너무 빨리 걸어가면 큰 옥수수를 보지 못할 수 있고, 속도가 너무 느리면 앞에 가는 사람에게 탐스러운 옥수수를 뺏기게 된다. 판별 능력을 키우려는 것이지만 실제로 아이들이 골라서 나오는 옥수수는 작고 볼품없는 것일 때가 많다는 것이다. 생각해보니 지나간 것이 커 보여서, 적어도 그것 정도는 되어야 할 것 같아서 우왕좌왕하다가 시간이 다 되면 생각지도 못한 것을 고르게 된다는 것이다. 작은 사례 같지만, 훈련이 안 된 사람은 결국 손실을 볼 수밖에 없다.

4) 안전한 사업이 있는가

아무리 사업에 흥미를 느낀다고 해도 무턱대고 덤비는 것은 금물이다. 특히 서비스업은 더 그렇다. 나는 우리나라 사람은 서비스업에 맞는 성향이 아니라고 생각한다. 전통적으로 농경민족이기에 굳이 서비스 정신이나 사회적인 스킬을 배울 필요성을 알지 못했을 가능성이 크기 때문이다. 서비스는 철저하게 훈련되어야 하며, 남에게 굽실대야 한다는 자괴감이 아니라 당연히 상대방을 배려해야 한다는 의식이 바탕에 깔려 있어야 한다.

현재 우리나라 상황은 전 세계 맥도날드 매장 수보다 치킨집 수가 더 많을 정도라고 한다. 이 결과는 사업가들이 서비스업을 얼마나 쉽게 생각하는지 잘 알 수 있는 대목이기도 하다. 너도나도 서비스업에 진출하지만 성공 확률은 지극히 낮다. 철저한 준비와 시장조사, 자신만의 독특한 기술이 없으면 성공하기가 어렵다. 서비스업에 진출하려면 심사숙고가 필요하다. '다른 사람은 망해도 내가 하면 성공한다'는 마인드는 자신감이 아니라 자만심이다.

청년사업가를 꿈꾸려면 다음 조건을 갖춰야 한다.

첫째, 실패를 두려워하라.

경영서나 자기계발서, 성공한 사람의 입지전적인 책을 보면 공통으로 나오는 항목이 있다. "실패를 통해 성장하라", "실패를 두려워하지 마라", "실패가 없으면 성공도 없다." 그러나 나는 이 말에 동의하지 않는다. 이 말은 성공한 사람만 할 수 있기 때문이다.

나는 "실패를 두려워하지 않는다"는 말이 강한 집념으로 느껴지기 보다는 준비가 덜 됐는데도 일단 시작부터 하겠다는 무모함으로 보인다. 그들은 상처 하나 입지 않은 토끼처럼 부드럽고 무조건 낙천적이며 긍정성으로 가득하다. 하지만 사업은 한 번 실패로 다시는 일어날 수 없는 치명상을 입을 수도 있다. 단 한 번 받는 상처로도 완전히 쓰러질 수 있는 것이 사업의 세계이다.

나는 실패를 두려워한다. 예전에도 그랬고, 지금도 그렇다. 우리 회사 임직원의 수는 1,000명에 가깝다. 가장도 있고, 주부도 있다. 직원 중에는 맞벌이를 하는 경우도 많아서 회사가 망해도 당장 굶어 죽거나 잘못되지 않을 것으로 생각할 수 있다. 그러나 나는 그렇게 생각하지 않는다. 한 가정의 행복은 균형에서 시작된다. 균형을 맞추려면 건강과 화목, 경제적 안정이 필요하다. 나는 그중 가장 중요한 조건을 경제적 안정으로 생각한다. 지금까지 사례를 보면 예고하지 못한 상태에서 해고되거나 회사가 문을 닫게 되면서 가정 전체가 무너지는 경우가 너무나 많았다.

내가 돈에 대해 현실적이면서도 중요하다고 생각하는 이유는 성장 과정에서 피부로 느꼈기 때문일 것이다. 내 선친께서는 사업을 하셨다. 아마 최초로 무역을 시도하신 분이 아닐까 싶다. 1940년대에 건어물과 오징어를 수집하여 일본으로 수출하셨는데, 생각과 달리 현실에서 어려움을 많이 겪으셨던 것 같다. 지금 생각해보면 선박기술도 약하고 바닷길을 가는 것도 어렵던 시대였다. 혹시라도 폭풍우와 예상하지 못한 기후를 만나면 속절없이 좌초할 수밖에 없었을 것이다.

아버지께서는 내가 중학교에 다닐 때 사업을 접은 후 다시는 일어나지 못하셨다. 가까이에서 그 모습을 뵈며 사업이 무서울 수 있다는 생각을 하게 되었다. 불행 중 다행은 당시에는 규모가 그리 크지 않아 우리 가족이 책임지는 정도로 끝났다는 것이다. 나에게도 책임이 고스란히 돌아와 그때부터 대학을 졸업할 때까지 고학하다시피 했는데, 그게 힘들어서 아버지를 원망한 적은 없었다. 그러나 만일 더 큰 규모로 사업을 했다면 그리 간단하게 끝나지 않았을 것이다. 그래서 사업은 두려운 마음으로 해야 한다고 생각한다.

둘째, 철저하게 준비하라.

사업에서 준비를 강조하는 이유는 이처럼 개인적인 경험에서 시작되었다. 사업의 무서운 면을 일찍 체험한 나는 안정적인 방향으로 진로를 잡았고, 희망 역시 선생님이나 의사였다. 이 두 가지 직업은 내 적성에 가장 잘 맞는 것이기도 했다. 이후 우연히 사업을 시작하면서 그 어떤 조건보다 중요하게 여긴 기준은 '철저하게 준비하여 실패하지 않겠다 는 것이었다. 그 결심은 부국티엔씨(주) 50년을 지켜주는 가치 기준과 기둥이 되었다.

사업을 하더라도 처음부터 크게 차리라고 하지는 않겠다. 먼저 자신이 살아가는 일상에서 사업의 실마리를 찾아보는 것이 좋다. 예를 들어 요리를 좋아한다면 취업을 해서 요리와 운영을 배우고, 손실이 날 수 있는 다양한 사례도 파악한다. 컴퓨터를 잘 다루고 좋아한다면 카페와 페이스북 등을 활용하여 A/S 광고를 해보고, 사업과 연계될 수 있는 것을 찾는다.

역세권에 살고 있다면 원룸의 수와 이동 시기, 세입자의 성향을 파악해서 원룸 이사를 전담하는 것도 괜찮다. 원룸에 사는 사람들에게 가장 필요한 것이 무엇일까. 일인 가구가 늘어나면서 다양한 서비스가 생겨났다. 이와 관련한 시장은 아직도 초기 단계라고 생각한다. 개별화, 파편화되는 사회, 이웃이 부재한 사회에서 혼자 생활하다가 위기 상황에 닥쳤을 때 안심하고 호출할 수 있는 서비스도 틈새시장이 될 수 있을 것으로 보인다.

셋째, 끊임없이 연구하고 노력하라.

장기적인 청년 실업 해결책으로 사업이 주목받고 있다. 각 구청이나 사회 기관에서 적극적으로 사업을 지원하는 이유이기도 하다. 청년 사업을 촉진함으로써 구직자들의 일자리는 물론 2차적인 고용으로 확대할 수 있기 때문이다. 위험도 또한 높아 사업가가 지녀야 할 자질인 협상 능력, 경제 지식, 프레젠테이션 기술과 문제 해결력이 없는 상태에서 몇 달간의 교육으로 사업을 한다는 것 자체가 문제가 될 수 있다.

그러므로 어떤 사업 지원 프로그램이든 청년들의 구체적인 특징과 장점, 요구를 정교하게 파악하고 훈련과 멘토링을 거쳐 부족한 기술과 역량을 보완할 수 있어야 한다. 이를 위해서는 초기 교육을 담당하는 부모부터 학교 시스템, 정책 입안자, 기업까지 협력하는 시스템이 필요하다.

기업과 취업 당사자의 능력 불일치에도 불구하고 현재 학교 교육은 지식을 창조하고 장려하는 과목에 몰려 있다. 언어와 수학, 자연과학, 미술, 음악, 지리, 역사 등은 기초 학문이고 인간의 사고와 가치 기준을 함양하는 데 필요한 부분이기도 하다. 이 부분을 취업과정과 연계하려면 21세기적 역량에 맞는 새로운 기준이 형성되어야 한다.

이를 위해서는 교사를 대상으로 연수 프로그램을 진행함으로써 현장에 적용하려는 노력이 필요할 것이다. 구체적인 방식으로 온라인 공개강좌와 지역사회 기반 학습 프로그램, 현장 기술 훈련이 있다. 학교에서 배운 이론에 실전 학습을 더하고 창의적인 사고로 응용하여 자신의 것으로 만든다면 자생력 있는 사업가로서 자리를 확보할 수 있을 것이다.

안타까운 점은 교실 안에서는 혁신을 이루기가 어렵다는 것이다. 교사와 학생은 과중한 내용 중심 학습을 이뤄내야 하고, 개학부터 종업까지 형식적으로 짜여 있는 커리큘럼을 따라가기도 버겁다. 그런 조건에서 새로운 역량을 키우고 혁신적인 프로젝트까지 요구한다면 또 다른 형식을 추가하는 것에 그치기 십상이 될 것이다.

혹 학생 중에 창의적인 시도를 하더라도 융통성 없는 평가 기준 때문에 실제로 점수를 얻을 수 없을 때가 많다. 의욕을 갖고 했던 결과가 낮은 점수로 나타난다면 시간과 노력에 의미와 가치를 둘 수 없게 될 것이다. 그러므로 교사와 학생 모두에게 융통성이 부여되고, 더 깊이 연구하고 노력할 수 있는 토대가 마련되어야 할 것이다.

또 한 가지는 글로벌 인재 양성과 관련한 프로그램에 참여하는 것이다. 한국의 청년 인턴 프로그램은 주로 졸업생이나 졸업 예정인 학생을 대상으로 취업과 연계할 목적으로 추진하고 있다. 글로벌 인턴 프로그램을 성공시키려면 학생들이 선호하는 영어권 국가뿐 아니라 비영어권 국가를 중심으로도 강화해가는 것이 필요하다. 또 한 가지는 '워킹홀리데이 프로그램'을 적극 활용하는 방법도 있다. 이를 통해 자립심을 높이고, 해외 경험을 자신의 사업과 연계할 수 있는 아이디어를 개발할 수 있을 것이다.

넷째, 너무 쉽게 성공을 이야기하지 말라.

사업가의 꿈은 원대하다. 그 어느 때보다도 긍정적이며 자기계발서에 나온 성공법칙보다 더 알차고 확실한 주장을 할 수 있을 것이라 믿는다.

사업을 할 때 자칫 위험할 수 있는 판단은 이런 경우이다. '저 사람도 성공했는데 나라고 못 할 이유가 있나?', '유명 아이템이니까 기본 수요가 있을 거야', '저 사람처럼 하면 나도 대박이 나겠지', '완전히 새로운 방식인데 많은 사람이 신선하게 생각하고 호응해주겠지', '내가 아는 사람만 해도 얼만데' 등등이다.

하지만 인맥을 믿고 하는 사업은 쉽게 망하고 만다. 인맥이 아무리 많아도 사업가를 생각해서 물건을 사주거나 가게에 방문하는 데는 한계가 있으며, 운영하는 입장에서도 그리 바람직하지 못하다. 음식점인 경우 자칫하면 '일부러' 찾아준 지인들에게 인심을 잃기 쉽고, 이것저것 서비스를 해주다 보면 생각만큼 많이 남지도 않는다.

또 주인의 지인이다 보니 마음이 풀어지기 쉽고 다른 손님을 불쾌하게 하는 말이나 행동을 할 수도 있다. 설령 다른 손님이 왔더라도 정중하게 대접받는다는 느낌을 받기가 어렵다. 한두 번이야 오겠지만 굳이 그런 집을 다시 찾아가겠는가. 그러므로 애초에 아는 사람들을 믿고 사업을 벌이지 않도록 해야 한다.

현장의 치열함을 알고 있는 청년이라면 직업전문교육기관에서 자격증을 취득하고 현장을 경험하면서 사업을 준비하는 것도 좋은 방법이다. 요즘은 인터넷 카페나 SNS 등 다양한 매체가 영업전략 중 하나로 꼽히고 있다. 카페에서 활동하면서 꾸준히 신용을 쌓고 회원들의 성향을 파악하면서 필요한 상품을 홍보한다면 큰 투자 없이도 내실 있는 영업성과를 얻을 수 있을 것이다.

예를 들어 중고거래 물품 사이트 카페인 '중고나라'는 1초에 평균 58명이 접속하고 세 건이 거래된다고 한다. 오프라인에서는 상상할 수 없는 활발한 마켓이 아닌가. 온라인의 장점이자 단점은 모든 정보가 공유되며 신용을 잃을 경우에 가차 없이 퇴출되는 것이다. 그러므로 고객을 더욱 철저하게 정성과 친절, 신뢰로 대할 수 있어야 한다.

다섯째, 어떤 것이든 고유의 가치를 인정하라.

빵집을 한다면 어떻게 좋은 빵을 만들지, 음식점을 한다면 차별화할 수 있는 맛을 낼 수 있을지 고민하고, 성공한 사람이 어떻게 그 위치까지 갔는지 노하우를 알아야 한다. 매장에서 직접 손님들을 만나면서 고객이 어떤 것을 요구하는지, 어떤 때에 감동하는지 파악하고 진정한 친절에 대해서도 배워야 한다. 이 부분은 개인적으로 다 해결하기에는 어려움이 있기 때문에 국가에서 지원하는 정책과 맞물려야 하기도 한다. 이를 위해 사업 교육과 실습, 적성을 찾는 과정을 체계적으로 훈련할 수 있어야 할 것이다.

노동시장 정책 중에서 청년들이 소득을 올릴 수 있는 대안으로 사업이 제시되고 있다. 이는 사업가 자신의 고용은 물론 사회적으로 제 역할을 하지 못하는 소외된 청년들을 노동시장으로 끌어들이는 역할을 한다. 청년들이 사회 경험을 쌓고 교류하고 바쁘게 활동하면서 가치 있는 인력이라는 자부심과 할 수 있다는 자신감을 키운다면, 이 역시 보이지 않는 수확이 될 것이다. 이 같은 경험은 새로운 사업의 가능성을 높이게 된다.

여섯째, 제조업에 투자하라.

국가의 성장은 제조업에 달려 있다. 대한민국 경제 역시 제조업으로 시작되었다. 그러나 2016년 이후 대한민국의 제조업 현실은 그리 희망적이지 않다. 한국은행과 전국경제인연합 등에서 발표하는 기업경기실사지수(BSI: Bussiness Survey Index)를 보면 48.8로, 전망하는 것에 비해 실적이 나오지 않는 것을 알 수 있다. BSI는 경기 동향에 대한 기업가들의 판단, 예측, 계획의 변화추이를 관찰하여 지수화한 지표이며, '매우 악화'인 0부터 '매우 호조'인 200까지의 평균을 낸 것이다.

2008년 서브프라임 모기지 사태는 부실 채권에서 시작된 불황이 전 세계의 경제를 뒤흔든 사건이다. 그런데도 일본, 미국, 독일 등이 경제 선진국으로 버틸 수 있었던 이유는 제조업이 있었기 때문이다. 오히려 독일은 지속해서 성장했고 수출 또한 늘려나갔다. 중국이 갑작스럽게 성장한 배경도 제조업을 양성하고 성장시킨 데 있다.

제조업이 제 역할을 하고 있으면 불황일지라도 고용이 안정될 수 있다. 특히 제조업이 한 나라를 튼튼하게 떠받치는 산업이라는 점은 웬만해서는 변하지 않는다. 과거에도 그랬고, 앞으로도 그럴 것이다.

제조업이 살아야 경제가 살아난다는 신념은 세계 경제의 흐름을 보면 더욱 확고해질 수밖에 없다. 2015년 여름, 그리스에서 국가부도 사태가 일어났다. 당시 그리스 산업구조는 서비스업이 90퍼센트가 넘지만 제조업은 5.7퍼센트에 불과했다. 서비스업 비중이 90퍼센트를 넘는다는 것은 경제활동 인구의 대부분이 관광산업 등에 종사했다는 것을 의미한다.

관광산업은 사람을 대상으로 하는 것이며, 경제 조건이나 정치적인 상황이 바뀌면 언제든지 변동될 수 있다는 위험성을 안고 있다. 그리스가 실행한 제조업은 담배 제조와 식품 가공에 불과했다. 반면 실생활에 필요한 자동차, 가전제품, 소비재, 선박 등은 대부분 수입에 의존했다. 이런 흐름 속에서 경제사정이 안 좋아지면서 실업률이 급증했고 인플레이션이 일어났다. 인플레이션이 관광객 감소로 이어졌지만 기존의 복지혜택 요구와 국가를 유지하는 비용도 여전했다. 제조업이 약한 나라는 이와 비슷한 사태를 언제든지 겪을 수 있다.

세계적 추세로 볼 때 경제가 점점 자유화되면서 제조업이 감소하고 금융시장 비중이 크게 높아지고 있다. 하지만 금융 산업이나 영향에 기대서 경제를 활성화하기에는 지나치게 불안한 점이 있다. 금융 산업이 안정적으로 발전할 때 부가가치는 상당하고 영향력도 크지만, 혹시라도 잘못 작동되면 순식간에 전 세계 경제를 초토화할 수 있다.

우리나라는 인터넷과 스마트폰이 발달해 있고 서비스업 또한 급증하는 추세이다. 하지만 제조업은 가장 창의적인 사업이며 사람의 삶을 뿌리내리게 하는 근본이다. 한 나라의 성장가능성은 제조업의 활성화 정도로 평가할 수 있다. 제조업에 고용된 인력의 안정성, 타 산업과의 연계 정도, 사업성 향상 효과는 상상 이상이다. 우리나라가 중점을 두어 육성해야 하는 산업도 제조업이다. 특히 우리나라의 기술력을 인정받고 있는 IT와 연계된 제조 산업은 세계 어디에서도 경쟁력을 갖출 수 있는 분야이기도 하다.

사업은 쉽지 않다. 또 누구나 할 수 있는 것도 아니다. 적어도 투자할 수 있는 최소한의 금액과 사업 후 기다릴 수 있는 여력이 있어야 하며, 자신만의 경쟁력도 필요하다. 그럴지라도 나는 사업을 권하고 싶다. 물론 준비와 현실성, 경제적 감각을 훈련하고 능력을 갖춘 뒤라는 전제하에서다.

지금까지 내가 했던 이야기들은 현실이라는 조건에 매몰되어 있는 사람에게는 너무 거리가 멀고 피부에 와닿지 않을 수도 있다. 용기를 갖고 긍정적으로 생각한다고 해서 당장의 문제가 간단하게 극복되지 않는다는 점도 충분히 이해한다.

어떤 이는 내가 살았던 환경이 기업을 운영하기에는 지금보다 훨씬 나은 조건이 아니었느냐고 항변하기도 하겠다. 하지만 성공했다는 사람에게 물어보았을 때 각자가 겪어낸 시기마다 격동이 있었고 고난을 넘어가지 않은 경우는 거의 없다고 봐야 할 것이다.

사업가는 해석할 줄 아는 시야가 있는 사람이라고 생각한다. 같은 상황이더라도 어떤 사람은 긍정적인 부분에 초점을 맞추고 가능성에 투자한다. 또 다른 사람은 부정적이고 소극적인 태도로 현실에 안주하는 것이 가장 큰 투자이자 방어라고 생각하기도 한다.

내가 청년들에게 바라는 점은 현실을 기반으로 한 도전이며, 발전 가능성에 초점을 맞추었으면 하는 것이다. 아무리 긍정성을 갖고자 해도 여전히 취업 문은 좁을 것이고 현실은 막막하게 느껴질 것이다. 그럴지라도 기회는 어딘가 열려 있다는 사실을 알고 포기하지 않기를 바란다.

또 이 책이 막다른 골목이라고 여기며 좌절하고 있는 청년들에게 새 길을 열어줄 수 있는 계기가 되기를 원한다.

모든 사람이 사업을 할 필요는 없기에 많은 구직자가 원하는 직장을 찾아 만족한 삶의 대열에 들었으면 좋겠다. 또 차분한 열정과 준비된 역량으로 사업에 도전장을 내밀 수 있는 많은 젊은이가 나오기를 간절히 소망한다.

「감사의 힘」, 데보라 노빌 지음, 김용남 옮김, 위즈덤하우스, 2008

「듣는 기술 말하는 기술」, 후쿠다 다케시 지음, 이홍재 옮김, 오늘의책, 2007

「오디세이아」, 호메로스 지음, 유영 옮김, 범우사, 1997

「the CEO; Who are they?」, 레이 스마일러 지음, 심현식 옮김, 시대의창, 2002

「피로사회」, 한병철 지음, 김태환 옮김, 문학과지성사, 2012

「그림 형제 동화집」, 그림 형제 외 지음, 어스본코리아, 2018

「추의 역사, 미의 역사 세트」, 움베르토 에코 지음, 오숙은 · 이현경 옮김, 열린책들, 2008

「대한민국 일자리, 생각을 바꾸자」, 김영중 지음, 한울아카데미, 2014

「THE ONE THING」, 게리 켈러, 제이 파파산 지음, 구세희 옮김, 비즈니스북스, 2013

「마윈의 내부담화」, 알리바바그룹 지음, 송은진 옮김, 스타리치북스, 2017

「샤오미 스타일」, 쑨젠화 지음, 조홍매 옮김, 스타리치북스, 2017

「목민심서」, 정약용 지음, 다산연구회 편역, 창비, 2005

「난중일기」, 이순신 저, 송찬섭 옮김, 서해문집, 2004

「전통 경영 기법을 뒤집는 묵자 경영학」, 류예 지음, 나진희 옮김, 에버리치홀딩스, 2007

「존 맥스웰 리더십 불변의 법칙」, 존 맥스웰 지음, 홍성화 옮김, 비즈니스북스, 2010

「프레임」, 최인철 지음, 21세기북스, 2016

「다산선생 지식경영법」, 정민 지음, 김영사, 2006

「강소기업이 힘이다」, 박상복 지음, 글로세움, 2016

「청년 실업 미래 보고서」, 피터 보겔 지음, 배충효 옮김, 원더박스, 2016

「지식경영과 지식관리시스템」, 유영만 지음, 한언, 2001

「화장품자재뉴스」, 장업신문, 여름 호, 통권 1호, 2011

「경기Economy21」, 경기도경제단체연합회, 6월 호, 2005